새로운 한 자료
동양북스 홈페이지에서 만나보세요!

홈페이지 활용하여 외국어 실력 두 배 늘리기!

홈페이지 이렇게 활용해보세요!

---

1 도서 자료실에서 학습자료 및 MP3 무료 다운로드!

❶ 도서 자료실 클릭
❷ 검색어 입력
❸ MP3, 정답과 해설, 부가자료 등 첨부파일 다운로드

* 원하는 자료가 없는 경우 '요청하기' 클릭!

2 동영상 강의를 어디서나 쉽게! 외국어부터 바둑까지!

첫걸음, 왕의 귀환!
가장 쉬운 독학
일본어 첫걸음

300만 독자의 선택!
가장 쉬운 독학
중국어 첫걸음

회화에서 문법까지!
가장 쉬운
영어 첫걸음의 모든 것

바둑 초보자 필독서!
가장 쉬운 독학
이세돌 바둑 첫걸음

500만 독자가 선택한

가장 쉬운
독학 일본어 첫걸음
14,000원

가장 쉬운
독학 중국어 첫걸음
14,000원

가장 쉬운
독학 베트남어 첫걸음
15,000원

가장 쉬운
독학 스페인어 첫걸음
15,000원

가장 쉬운
독학 프랑스어 첫걸음
16,500원

가장 쉬운
독학 태국어 첫걸음
16,500원

가장 쉬운
프랑스어 첫걸음의 모든 것
17,000원

가장 쉬운
독일어 첫걸음의 모든 것
18,000원

가장 쉬운
스페인어 첫걸음의 모든 것
14,500원

첫걸음 베스트 1위!

가장 쉬운 러시아어
첫걸음의 모든 것
16,000원

가장 쉬운 이탈리아어
첫걸음의 모든 것
17,500원

가장 쉬운 포르투갈어
첫걸음의 모든 것
18,000원

버전업! 가장 쉬운
베트남어 첫걸음
16,000원

가장 쉬운 터키어
첫걸음의 모든 것
16,500원

버전업! 가장 쉬운
아랍어 첫걸음
18,500원

가장 쉬운 인도네시아어
첫걸음의 모든 것
18,500원

버전업! 가장 쉬운
태국어 첫걸음
16,800원

가장 쉬운 영어
첫걸음의 모든 것
16,500원

버전업! 굿모닝
독학 일본어 첫걸음
14,500원

가장 쉬운 중국어
첫걸음의 모든 것
14,500원

가장 쉬운 독학 중국어 첫걸음

가장 쉬운 독학 일본어 첫걸음

오늘부터는 팟캐스트로 공부하자!

팟캐스트 무료 음성 강의

▸1
iOS 사용자

Podcast 앱에서
'동양북스' 검색

▸2
안드로이드 사용자

플레이스토어에서 '팟빵' 등
팟캐스트 앱 다운로드,
다운받은 앱에서
'동양북스' 검색

▸3
PC에서

팟빵(www.podbbang.com)에서
'동양북스' 검색
애플 iTunes 프로그램에서
'동양북스' 검색

◉ **현재 서비스 중인 강의 목록** (팟캐스트 강의는 수시로 업데이트 됩니다.)

- 가장 쉬운 독학 일본어 첫걸음
- 페이의 적재적소 중국어
- 가장 쉬운 독학 중국어 첫걸음
- 중국어 한글로 시작해
- 가장 쉬운 독학 베트남어 첫걸음

중국어뱅크 | 한국인의 한국인에 의한 한국인을 위한 중국어 회화 시리즈

THE GOD OF CHINESE 중국어의 신

이미경 · 초팽염 지음

STEP 3

동양북스

중국어뱅크

중국어의 신

초판 1쇄 인쇄 | 2020년 2월 25일
초판 1쇄 발행 | 2020년 3월 5일

지은이 | 이미경, 초팽염
발행인 | 김태웅
편집장 | 강석기
기획 편집 | 조유경, 신효정
디자인 | 정혜미, 남은혜
마케팅 | 나재승
제 작 | 현대순

발행처 | (주)동양북스
등 록 | 제 2014-000055호
주 소 | 서울시 마포구 동교로22길 14 (04030)
구입 문의 | 전화 (02)337-1737 팩스 (02)334-6624
내용 문의 | 전화 (02)337-1762 dybooks2@gmail.com

ISBN 979-11-5768-589-9 14720
ISBN 979-11-5768-535-6 (세트)

ⓒ 2020, 이미경 · 초팽염

이 도서의 국립중앙도서관 출판예정도서목록(CIP)은 서지정보유통지원시스템 홈페이지(http://seoji.nl.go.kr)와
국가자료공동목록시스템(http://www.nl.go.kr/kolisnet)에서 이용하실 수 있습니다.
(CIP제어번호:CIP2020003642)

《중국어뱅크 중국어의 신》이 나오기까지

1992년 중국과 국교를 수입한 이후 우리나라의 중국어 교육은 비약적인 발전을 거듭하고 있다. 지난 약 30년 동안 중국은 우리에게 4천 억 달러 이상의 무역 흑자를 안겨 주었고, 양국의 인적 교류가 확대되면서 서로에 대한 이해의 폭이 넓어지고 있다. 그럼에도 불구하고 국내의 중국어 교육은 아직 초보적인 단계에 머물러 있으며 우리나라의 실정에 맞는 한국인을 위한 교재의 편찬이 그다지 활발하지는 않다.

집필진은 2014년 당시 단계 중국어 교육에 대한 반성과 미래의 과제를 생각하면서 3년여의 준비를 거쳐 〈The Chinese-중국어의 길〉이라는 제목으로 중국어 교재를 출판하였다. 이 책을 출판하기까지 집필진은 국내외의 중국어 교재는 물론 교재 집필을 위한 어휘와 문법 사항에 대한 연구를 진행하였으며 교육과 연계된 평가문항의 개발까지도 살펴보았다. 이를 통해 국내 학습자에게 맞는 교재의 개발이 절실하다는 생각을 하였고 그 노력의 결실이 바로 〈The Chinese-중국어의 길〉이다.

〈중국어의 신〉은 〈The Chinese-중국어의 길〉의 수정판으로 약 3년 동안 집필 준비 기간을 거쳤고 약 5년 동안 실제 중국어 교육 현장에서 교재로 활용하면서 부족하다고 생각된 점은 보완하고 좋은 점은 더욱더 부각시켜서 새롭게 수정 보완하여 출판하게 되었다.

〈중국어의 신〉은 Step1에서 Step4까지 4단계에 이르는 교재를 출판하는 목표를 가지고 있었고 마침내 네 권을 모두 출간하게 되었다. 우리 집필진은 이 교재의 출간이 한국적 중국어 교육을 발전시킬 것이라는 믿음을 갖고 있으며, 또한 중국에 대한 이해의 폭을 넓히는 데에도 일조할 것이라 생각한다.

또한 본 교재는 〈서울대학교 교양 외국어 교재 시리즈〉로 기획되었다. 2010년 서울대학교 인문대학에서 교양 외국어 교과과정의 개편을 논의하면서 좀 더 체계적이고 우리 실정에 맞는 교재를 편찬해야 한다는 의견이 많았다. 이 과정에서 서울대학교 인문대학으로부터 교재 연구비를 수령하여 〈The Chinese-중국어의 길〉을 출판하게 되었고, 다시 〈중국어의 신〉를 수정 보완하여 새롭게 탄생시키게 되었다.

이 교재는 2012년부터 약 4개 학기 이상 가제본 형태로 제작하여 서울대 교양과정의 '초급 중국어1'과 '초급중국어2' 교과목의 교재로 실험적으로 사용되었다. 또 2014년 출판된 이후 다양한 학교에서 중국어 전공 및 교양 교재로 활용되었고, 그동안 집필진은 우리나라 학습자에게 적합한 교재에 대한 지속적인 논의와 연구를 진행하였으며, 다양한 학교에서 강의를 담당해 주셨던 여러 선생님들의 좋은 의견을 청취할 수 있었다. 또 집필진들이 직접 본 교재를 사용하여 교육하면서 장단점을 발견하게 되었고, 시대적인 변화도 반영하여 좀 더 업그레이드된 교재를 선보이게 되었다. Step1과 Step2에 이어 Step3과 Step4도 회화 위주로 편성이 되었으며 중급 수준에 맞는 어휘와 문법 위주로 각 과를 편성하였다. 요즘 많은 사람이 중국 문화에 대한 관심이 높아지고 있어서 Step4는 특히 중국 문화 중심으로 회화 내용을 설정하였다. 그동안 강의를 〈중국어의 신〉으로 담당해주신 모든 선생님께 이 자리를 빌어 감사드리며 새롭게 출간되는 Step3과 Step4도 많은 관심을 가져주시길 바란다.

〈중국어의 신〉 Step1과 Step2는 이강재, 이미경, 초팽염 세 사람이 집필하였고, Step3과 Step4는 이미경, 초팽염이 집필하였다. 우리 집필진은 〈중국어의 신〉 네 권을 마무리할 수 있게 된 것을 매우 자랑스럽게 생각하고 있으며, 본 책의 편찬에 도움을 주신 여러 선생님들께도 다시 한 번 감사를 드린다.

우리 집필진은 교재 집필 과정을 통해 교재를 집필하는 것은 어려운 일이며, 또 시리즈 네 권을 체계적으로 집필하는 것은 더욱더 어려운 일이라는 것을 할게 되었다. 〈중국어의 신〉에 대한 논의가 시작된 시기는 지금으로부터 약 10년 전이고, 그동안 중국어 교육에는 많은 변화가 있었다. 그러한 중국어 교육의 변화를 담고, 중국어 교육의 미래를 담으려고 노력하였지만 아직도 논의해야 할 부분이 적지 않을 것이며 여러 가지 문제점이 있을 것이다. 그럼에도 우리나라 중국어 교육이 좀 더 발전할 수 있다면 하는 희망과 열정으로 이 작업을 수행할 수 있었다. 끝으로 처음 교재 개발의 동력이 된 연구비를 지원해 준 서울대학교 인문대학, 그리고 그동안 도와주신 여러 선생님과 좋은 수정본을 만들 수 있도록 노력해주신 동양북스 모든 분께 감사를 드린다.

2020년

집필진 일동

이 책의 특징

이 책은 우리나라 학습자와 교육자를 최우선으로 생각하여 만든 교재이다. 따라서 기존의 교재에만 익숙한 사람은 몇 가지 측면에서 어색하게 느껴지는 부분도 있을 것이다. 그러나 저자의 의도를 생각하면서 차분하게 따라가다 보면 어느 교재보다도 한국인 학습자의 상황을 고려한 실용성을 갖추고 있다는 것을 알 수 있을 것이다. 이 책의 특징은 다음과 같다.

한국인의, 한국인에 의한, 한국인을 위한 중국어 교재이다

중국에서 나온 교재를 우리말로 번역하거나 모방한 경우, 한국인의 특징을 고려하지 않아서 우리의 사고 체계와는 다른 형식을 갖게 되며 결과적으로 몸에 맞지 않는 옷을 입은 것과 같아진다. 가령, 문법 설명 부분에서 항상 해당 문장에 대한 문법 설명이 먼저 나오고 중국어의 다른 예문을 제시하는 방식을 채택하는 교재가 적지 않다. 그러나 한국인은 중국어로 어떤 말을 하고자 할 때 본인이 표현하고 싶은 우리말을 먼저 떠올리고, 그것을 중국어로 바꾸는 방식으로 자신의 의사를 전달한다. 그래서 본 교재에서는 기존의 방식에서 벗어나 한국어가 먼저 제시되고 그 다음에 중국어 예문이 나오고 이어서 문법 설명을 간단하게 제시하고 있다. 이는 이 책이 문법책이 아니라 의사소통 능력을 키우기 위한 회화 위주의 교재라는 점에 초점을 두었기 때문이다.

또한 Step1의 1과는 대화문이 아니라 각각의 문장으로 편성되어 있다. 이는 한국인이라면 누구나 다 알고 있으면서 발음이 편안한 '워아이니(我爱你。)'라는 문장을 통해 학습자들이 중국어를 쉽고 친근하게 접근할 수 있도록 한 것이다.

본문에 중국어 발음기호인 한어병음을 표기하지 않았다

대부분의 교재는 기초부터 한어병음을 병기한다. 그러나 한어병음이 중국어 아래에 바로 제시되어 있다면 학생들은 중국어 자체에 관심을 집중하기보다 한어병음을 보고 따라 읽는 데 정신을 집중한다. 이 때문에 학습자는 한어병음을 익히는 것에 소홀히 하고 정확하게 익히지 못했음에도 불구하고 이미 익힌 것으로 착각하게 되는 단점이 있다. 본 교재는 집필과 출시 전, 여러 차례의 모의 수업을 통해 한어병음 없이 중국어로 익히는 것의 효과가 더 크다는 것을 직접 확인할 수 있었다. 그럼에도 불구하고 한어병음이 없어서 어려워하는 학습자를 고려하여 교재 뒤 부록 부분에 한어병음을 제시하였다.

막강 워크북이 있다

워크북을 제공하는 회화 교재가 늘어나고 있는 추세이다. 하지만 지금까지의 워크북은 적은 수의 문제만 제공함으로써 실제 학습 효과를 거두기 어려웠다. 본 교재는 워크북에서 실질적인 학습 효과를 거둘 수 있도록 의사소통의 4대 영역인 듣기, 말하기, 읽기, 쓰기 모두 워크북에 모두 담고 있다. 뿐만 아니라 난이도가 낮은 것에서부터 높은 것으로, 즉, 말하기, 쓰기, 읽기, 듣기의 순으로 워크북의 체제를 정하였다. 또한 워크북을 홀수 과와 짝수 과의 두 권으로 나누었는데, 이는 학교에서 교재로 쓸 경우 담당 교수가 채점하는 동안에도 학생들이 다른 과의 숙제를 할 수 있도록 배려한 것이다.

중국어 발음에 대한 설명을 교재의 뒷부분에 배치하였다

우리나라 중국어 학습자들은 처음 중국어를 접할 때, 막연하게 발음이 어렵거나 복잡하다고 생각한다. 그 생각이 옳다고 생각하지는 않지만 발음의 부담을 표면적으로라도 줄여 주기 위해 과감하게 교재 뒤쪽에 배치하였다. 교육자들이 처음 중국어를 접하는 학습자들에게 교육할 때나 혹은 혼자서 본 교재로 중국어 공부를 처음 시작하는 분들은 뒷부분에 있는 발음에 대한 설명을 참고하면 된다.

발음 Tip에 중국어 실제 발음을 제시하였다

본 교재에서 설명하는 성조 곡선, 3성 성조변화, 一와 不 성조변화 등에 대한 내용은 일반 교재와 차이가 난다. 이는 그동안 음성과 관련된 학술적 성과를 반영한 것이며 모두 실제 음성을 근거로 하여 설명한 것이다.

대학의 한 학기 강의 시간에 맞게 구성되었다

보통 대학교에서 한 학기에 15주 혹은 16주 정도 수업을 한다고 볼 때 약 한 주에 1과씩 공부하여 한 학기에 본 교재 한 권 전체를 끝낼 수 있도록 하였다. 이 때문에 전체 10과로 하되 여기에 복습을 위한 두 과를 더하여, 한 학기 동안 지나치게 많거나 적지 않도록 분량을 적절하게 구성하였다. 이를 통해 학습자는 한 학기에 한 권 전체를 학습함으로써 교재 한 권을 끝냈다는 성취감을 느낄 수 있을 것이다.

100문장 익히기를 설정하였다

매 과마다 '외워 봐요!'를 통해 10문장씩 핵심문형을 설정하고 이를 집중적으로 익힐 수 있도록 하였다. 여기에 제시된 100문장을 정확하게 구사하고 말할 수 있다면 이 교재의 내용을 잘 소화했다고 볼 수 있으며 중국 현지의 초급 대화를 충분히 수행해 나갈 수 있을 것으로 기대한다.

〈더 높이 날아 봐요!〉를 통해 실생활 표현을 익히도록 하였다

각 과마다 교재에서 자세하게 다루지는 못했지만 실생활에서 매우 자주 사용하는 표현을 '더 높이 날아 봐요!'라는 코너에서 제시하여 실생활에서 바로 사용할 수 있도록 하였다. 초급 중국어를 학습했더라도 실생활에 꼭 필요한 표현을 익히도록 한 것인데, 강의 중에는 이 부분을 생략하고 넘어갈 수도 있다.

〈즐겨 봐요!〉에 인문학적인 요소가 가미되었다

언어의 학습은 동시에 해당 지역의 문화를 학습하는 것이며 원어민 화자의 사유 방식을 익혀 가는 것이라 할 수 있다. 따라서 본 교재의 '즐겨 봐요!'에서는 각종 인문학적 요소가 가미된 시가, 속어, 동요, 성어 등을 배치하여 중국어의 다양한 표현과 문화를 경험할 수 있도록 하였다.

중국어의 신!

차례

이 책의 활용 - 본책

도입

학습 목표와 내용을 확인할 수 있습니다. 삽화와 함께 제시된 핵심 어휘를 들어 보세요.

생각해 봐요!

본문 ①을 한국어 문장으로 먼저 제시하였습니다. 중국어로는 어떻게 표현될지 미리 생각해 보세요.

말해 봐요!

▶ **본문 ① 대화하기** 회화 속에 기본 단어와 문형, 주요 어법이 모두 녹아 있습니다. 녹음을 들으며 반복하여 따라 읽어 보세요.

▶ **본문 ② 읽어 보기** 해당 과의 주제와 관련된 내용의 평서문입니다. 평서문 표현을 잘 확인하며 반복하여 읽어 보세요.

복습 1, 2

다섯 과를 학습한 후 말하기, 독해, 듣기, 쓰기 네 파트로 나누어 각 파트를 골고루 복습할 수 있도록 구성하였습니다.

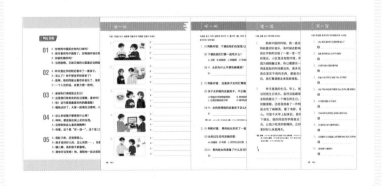

즐겨 봐요!

해당 과의 주제와 관련된 다양한 문화 내용을 사진 자료와 함께 제시하였습니다. 쉬어가는 느낌으로 한 과의 학습을 마무리해 보세요.

읽어 봐요!

본문에 나온 새 단어를 학습합니다. 녹음을 듣고 따라하면서 발음과 글자, 뜻까지 완벽하게 암기하세요.

배워 봐요!

초급 단계에서 꼭 필요한 주요 문형과 표현, 문법을 학습합니다. 예문을 반복적으로 읽으며 학습하면 더욱 효과적입니다.

연습해 봐요!

주요 문형을 바탕으로, 단어를 교체하며 반복적으로 학습합니다. 문장 구성 능력을 높이고 주요 문형을 익힐 수 있습니다.

외워 봐요!

외워 두면 회화에서나 시험에서 유용하게 쓸 수 있는 표현들입니다. 통째로 암기하여 자주 활용해 보세요.

더 높이 날아 봐요!

본문 회화의 주제를 바탕으로, 더욱 다양한 표현을 모아 놓았습니다. 문장의 뜻을 보며 단어와 문형을 익혀 보세요.

묻고 답해 봐요!

해당 과에서 배운 주요 표현을 바탕으로 새로운 회화를 구성하여 더욱 다양한 회화 표현을 익힐 수 있습니다.

부록

해석과 정답, 단어 색인을 정리했습니다.

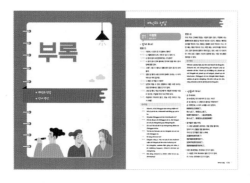

워크북

말하기, 쓰기, 읽기, 듣기의 네 파트로 나누어 각 파트를 집중적으로 강화할 수 있도록 구성하였습니다. 매 과에서 배운 단어나 표현, 문법을 다양한 유형의 문제들을 풀어 보며 완전하게 이해해 보세요.

MP3 다운로드

MP3는 동양북스 홈페이지 자료실에서 무료로 다운로드 받으실 수 있습니다.
(http://www.dongyangbooks.com)

일러두기

○ 품사 약어

명사(名词) 고유명사(专名)	명 고유	부사(副词)	부	접속사(连词)	접
대명사(代词)	대	수사(数词)	수	조동사(助动词)	조동
동사(动词)	동	양사(量词)	양	조사(助词)	조
형용사(形容词)	형	전치사(介词)	전	감탄사(感叹词)	감
의성어	의성	접두어	접두	성어	성
헐후어	헐	속담	속	수량사	수량

○ 고유명사 표기

① 중국의 지명은 중국어 발음을 한국어로 표기하는 것을 원칙으로 한다. 단, 우리에게 익숙한 고유명사는 한자의 독음을 표기한다.

예 北京 베이징 天安门 천안문

② 인명의 경우, 한국 사람의 이름은 한국에서 읽히는 발음으로, 중국 사람의 이름은 중국어 발음대로 표기한다.

예 崔智敏 최지민 韩雪 한쉐

○ 등장 인물

崔智敏
Cuī Zhìmǐn
최지민
한국인, 대학생

朴明浩
Piáo Mínghào
박명호
한국인, 대학생

韩雪
Hán Xuě
한쉐
중국인, 대학생

高朋
Gāo Péng
가오펑
중국인, 대학생

15

01

中国菜

○ 학습 목표　중국 음식 문화를 이해하고 다양한 표현을 활용할 수 있다.

○ 학습 내용　**1.** 중국 음식 문화　**2.** ……了……就……

麻辣烫
마라탕

火锅
샤브샤브

锅包肉
궈바로우

烤串儿
양꼬치

생각해 봐요!

想一想!

다음 상황을 중국어로 생각해 보세요.

가오펑

지민아, 너 중국 온 지 얼마나 됐어?

최지민

나 7월에 왔으니까, 거의 두 달 다 되어 가.

가오펑

넌 중국 음식 네 입맛에 맞는 것 같아?

최지민

나 중국 음식 진짜 좋아해. 한국에 있을 때도 중식당에 종종 갔어.

가오펑

그래? 그럼 너 데리고 가서 정통 중국 음식 좀 맛 보여 줄게.

최지민

정말 잘 됐다! 쓰촨 요리와 둥베이 요리는 나 아직 먹어 본 적이 없거든.

가오펑

너 매운 것 먹을 수 있어?

최지민

당연히 먹을 수 있지. 얼얼하고 매운 쓰촨 요리는 요즘 한국에서도 정말 인기가 많아.

가오펑

그럼 잘 됐다. 학교 부근에 막 개업한 마라탕 식당이 있거든, 주말에 우리 가서 먹어 보자.

최지민

주말까지 기다리지 말고, 오늘 수업 마치고 가는 거 어때?

중국은 땅이 넓고 역사가 오래되었기 때문에 각 지역마다 그 지역에서 나는 다양한 식자재로 만들어진 다양한 요리가 있습니다. 중국 요리는 중국 문화의 중요한 한 부분으로 중국을 알아가기 위해 중국 요리를 이해하는 것은 매우 중요합니다. 중국 요리와 중국 음식 문화를 생각하면서 공부해보세요.

본문 ① 대화하기

중국 음식을 주제로 한 대화입니다. 뜻을 생각하며 읽어 보세요.

MP3 01-02

| 高朋 | 小敏，你来中国多长时间了？ |

| 崔智敏 | 我七月来的，差不多快两个月了❶吧。 |

| 高朋 | 你觉得中国菜合你的口味❷吗？ |

| 崔智敏 | 我可喜欢吃中国菜了❸。在韩国时我也常常去中餐馆。 |

| 高朋 | 是吗？那我带你去尝尝地道的中国菜吧。 |

| 崔智敏 | 太好了！四川菜和东北菜我还没尝过呢。 |

| 高朋 | 你能吃辣的吗？ |

| 崔智敏 | 当然能啊。又麻又辣的川菜最近在韩国也很受欢迎❹呢！ |

| 高朋 | 那正好，学校附近刚新开了一家麻辣烫饭馆儿，周末咱们去尝尝。 |

| 崔智敏 | 别等周末了，今天下了课就❺去，怎么样？ |

본문 ② 읽어 보기

이 과의 주제와 관련된 내용의 평서문입니다. 뜻을 생각하며 읽어 보세요.

🎧 MP3 01-03

我们学校附近有很多好吃的饭馆儿。周末时，我常常跟同屋一起去外面吃饭。有时去吃北京菜，有时⁶去吃东北菜；有时去吃火锅，有时去吃烤串儿。中国菜的种类特别丰富，味道也各不相同，但几乎每个人都能找到一家合自己口味的饭馆儿。

🔑 문법 Tip!

❶ '快……了'는 '곧 ~하다'라는 의미로 가까운 미래를 나타낸다.

❷ '合……口味'는 '~입맛에 맞다'라는 의미이다.

❸ '可…… 了/啦'는 '완전 ~하다'라는 의미이다.

❹ 受欢迎은 '환영을 받다', '사랑을 받다', '인기가 좋다'라는 의미이다.

❺ '…了…就…'는 동사 뒤에 了가 있고, 뒤에 就가 있는 구조로 앞의 동작을 한 후 가까운 시간 내에 곧 어떤 일을 한다는 의미이다.

❻ '有时……, 有时……'는 '어떤 때는 ~하고, 어떤 때는 ~하다'의 의미이다.

👄 발음 Tip!

❶ 地道 dìdao 의 道 dao는 경성으로 발음하는 것에 유의해야 한다.

❷ 饭馆儿 fànguǎnr은 실제 fànguǎr로, 烤串儿은 실제 kǎochuàr로 발음한다.

읽어 봐요!

본문에 나온 새 단어입니다. 글자, 한어병음, 뜻을 모두 익히세요. MP3 01-04

- □ 差不多 chàbuduō 부 거의 형 비슷하다, 큰 차이가 없다
- □ 合 hé 동 맞다, 부합하다
- □ 口味 kǒuwèi 명 입맛
- □ 可 kě 부 강조를 나타냄
- □ 常常 chángcháng 부 항상, 자주
- □ 餐馆 cānguǎn 명 식당, 음식점
- □ 地道 dìdao 형 진짜의
- □ 四川 Sìchuān 고유 쓰촨[지명]
- □ 东北 Dōngběi 고유 둥베이 지역 [랴오닝, 지린, 헤이룽장 등 지역]
- □ 辣 là 형 맵다
- □ 麻 má 형 얼얼하다
- □ 受 shòu 동 받다, 당하다
- □ 麻辣烫 málàtàng 명 마라탕[요리명]
- □ 饭馆儿 fànguǎnr 명 식당, 음식점
- □ 下课 xiàkè 동 (수업이) 끝나다
- □ 学校 xuéxiào 명 학교
- □ 同屋 tóngwū 명 룸메이트, 동숙자
- □ 外面 wàimiàn 명 바깥
- □ 有时 yǒushí 부 때로는, 어떤 때
- □ 火锅 huǒguō 명 훠궈[중국식 샤브샤브 요리]
- □ 烤串儿 kǎochuànr 명 꼬치구이
- □ 种类 zhǒnglèi 명 종류
- □ 丰富 fēngfù 형 풍부하다
- □ 各 gè 대 여러, 각각
- □ 相同 xiāngtóng 형 서로 같다
- □ 自己 zìjǐ 대 자기, 자신

배워 봐요!

초중급 단계에서 꼭 필요한 주요 문법입니다. 반복하여 학습하세요.

01 差不多快两个月了吧

 MP3 01-05

- 곧 추석이야.
- 기차가 곧 역에 도착해.
- 곧 9시인데, 차가 왜 아직 안 오는 거지?
- 곧 건국기념일이어서 모두 여행 갈 준비하느라 바빠.

中秋节快到了。

火车快到站了。

快九点了，车怎么还没来呢？

快国庆节了，大家都忙着准备去旅行呢。

快가 부사일 때 시간적으로 근접하다는 의미로, 곧 어떠한 상황이 출현한다는 것을 나타내며, 일반적으로 문장 끝에 了를 사용한다.

단어 国庆节 Guóqìngjié 몡 건국기념일 | 中秋节 Zhōngqiūjié 몡 추석

02 你觉得中国菜合你的口味吗?

MP3 01-06

- 이 식당은 그녀의 입맛에 딱 맞아.
- 이 음식은 그 사람 입맛에 별로 잘 맞지 않아.
- 입맛에 맞는 음식이 있으면 좀 많이 먹어.
- 너는 여기 음식이 네 입맛에 맞는 것 같아?

这家餐馆正合她的口味。

这个菜不太合他的口味。

有合口味的菜，就多吃一点儿。

你觉得这里的菜合你的口味吗？

'合……口味'는 '~입맛에 맞다'라는 뜻으로 동사-목적어 구조로 이루어져 있으며 목적어 앞에 수식어를 넣을 수 있다. '合乎[héhū]……口味'라고도 할 수 있다.

03 我可喜欢吃中国菜了

- 이번에 난 정말 마음이 놓여!
- 그 사람은 중국어를 정말 잘해!
- 엄마가 이 선물을 정말 좋아하셔.
- 우리 반 친구들은 정말 노력해.

这下我可放心了!

他的汉语说得可好啦!

妈妈可喜欢这件礼物了。

我们班的同学可努力了。

可가 부사일 때 뉘앙스를 강조하는데 그 정도가 강하거나 약하거나 모두 가능하며 주로 구어에 사용한다. 감탄문일 경우 문장 끝에 了, 啦 등의 어기조사를 더할 수 있다.

단어 放心 fàngxīn 통 마음을 놓다, 안심하다

04 川菜最近在韩国也很受欢迎呢!

- 그 사람은 공연은 많은 사랑을 받아.
- 이런 휴대전화는 한국에서 인기가 많아.
- 그 사람은 우리 회사에서 별로 인기가 없어.
- 난 지금에서야 네가 왜 이렇게 동료들에게 인기가 있는지 알게 되었어.

他的演出很受欢迎。

这种手机在韩国很受欢迎。

他在我们公司不太受欢迎。

我现在才知道你为什么这么受同事的欢迎了。

受欢迎은 '환영을 받다', '사랑을 받다', '인기가 좋다'라는 뜻으로 동사-목적어 구조로 이루어져 있으며 목적어 앞에 수식어를 넣을 수 있다.

단어 演出 yǎnchū 명동 공연(하다) | 同事 tóngshì 명 동료

05 今天下了课就去，怎么样？ 🎧 MP3 01-09

• 난 밥 먹고 갈 거야.	我吃了饭就走。
• 아빠는 장 보고 집으로 돌아가실 거야.	爸爸买了菜就回家。
• 내가 다 보고 너에게 돌려줄게.	我看完了就还给你。
• 너 커피 마시고 그 사람 찾아가.	你喝了咖啡就去找他。

'…了…就…'구조는 동사 뒤에 了가 있고 뒤에 就가 있는 구조로 앞의 동작을 한 후 가까운 시간 내에 곧 어떤 일을 한다는 의미를 갖는다. 즉 이때 了는 미래 완료의 의미를 나타낸다.

06 有时去吃北京菜，有时去吃东北菜 🎧 MP3 01-10

• 주말에 어떤 때는 침대에 누워 하루 종일 잠자고, 어떤 때는 친구 좀 만나러 나가.	周末有时在家休息，有时出去见朋友。
• 난 어떤 때는 집에서 숙제하고, 어떤 때는 도서관에서 숙제해.	我有时在家做作业，有时在图书馆做作业。
• 어떤 때는 비가 많이 오고, 어떤 때는 비가 적게 와.	有[的]时候雨下得很大，有[的]时候雨下得很小。
• 그들은 어떤 때는 오전에 회의하고, 어떤 때는 오후에 회의해.	他们有[的]时候上午开会，有[的]时候下午开会。

'有时……，有时……'는 '어떤 때는 ～하고, 어떤 때는 ～하다'의 의미를 나타낸다. '有[的]时候……，有[的]时候……'를 간단하게 줄인 형식이다.

단어를 교체하며 문형을 익히는 연습입니다. 반복하여 읽어 보세요.

1 🗣 ① ② ③ ④ ⑤ 🎧 MP3 01-11

中秋节快到了。

快九点了，车怎么还没来呢？

快过年了，你打算回老家吗？

快开学了，我还没买好教材呢。

엄마 생일이 곧 다가와.

곧 8시야, 너 출근하러 가야만 해.

곧 점심시간이니까 함께 밥 먹으러 가자.

곧 10시인데, 아빠가 왜 아직 안 돌아오셨지?

2 🗣 ① ② ③ ④ ⑤ 🎧 MP3 01-12

今年的冬天可冷了。

他的弟弟可爱学习了。

妈妈可喜欢这件礼物了。

我们班的同学可努力了。

여기 물건 정말 비싸!

그들 반 선생님은 정말 좋으셔.

이런 휴대전화 케이스는 정말 유용해.

우리 엄마가 만든 요리는 정말 맛있어.

단어 **老家** lǎojiā 명 고향(집) | **教材** jiàocái 명 교재 | **该** gāi 통 ~해야 한다

단어 **壳** ké 명 껍데기, 케이스(case)

3 1 2 3 4 5 🎧 MP3 01-13

这种手机在韩国很受欢迎。

他在我们公司不太受欢迎。

这个歌星在韩国很受欢迎。

听说过年的时候，这种食品是最受欢迎的礼物。

그 사람은 우리 반에서 인기가 많아.

이 선생님은 학생들에게 인기가 많아.

이런 커피는 중국에서 별로 인기가 없어.

나는 이런 활동이 틀림없이 노인들에게 인기가 많을 거라고 생각해.

4 1 2 3 4 5 🎧 MP3 01-14

睡觉前我有时听音乐，有时玩儿手机。

我有时去外面吃饭，有时自己在家做饭。

周末有时在家休息，有时出去见朋友。

他们有[的]时候上午开会，有[的]时候下午开会。

우리는 어떤 때는 아침에 만나고, 어떤 때는 저녁에 만나.

엄마는 어떤 때는 중국 요리를 하고, 어떤 때는 한국 요리를 하셔.

그들은 어떤 때는 미국으로 여행 가고, 어떤 때는 중국으로 여행 가.

수업 마친 후에 어떤 때는 공부하러 도서관에 가고, 어떤 때는 친구 만나러 카페에 가.

단어 歌星 gēxīng 명 유명 가수 | 食品 shípǐn 명 식품 | 活动 huódòng 명 활동 | 肯定 kěndìng 부 틀림없이, 분명히 | 老年人 lǎoniánrén 명 노인

본문을 응용한 회화 연습입니다. 뜻을 생각하며 읽어 보세요.

MP3 01-15

1

A 你学汉语多长时间了？
Nǐ xué Hànyǔ duō cháng shíjiān le?

B 差不多快一年了。
Chàbuduō kuài yì nián le.

2

A 这是地道的韩国菜，你尝尝。
Zhè shì dìdao de Hánguó cài, nǐ chángchang.

B 太好吃了！
Tài hǎochī le!

> 地道 dìdao는 '본고장의'라는 뜻의 형용사로 두 번째 음절을 경성으로 읽는 것에 주의하세요.

3

A 你打算什么时候走啊？
Nǐ dǎsuàn shénme shíhou zǒu a?

B 喝了这杯咖啡马上就走。
Hēle zhè bēi kāfēi mǎshàng jiù zǒu.

4

A 我家附近新开了一家超市。
Wǒ jiā fùjìn xīn kāile yì jiā chāoshì.

B 是吗？价格怎么样？
Shì ma? Jiàgé zěnmeyàng?

> 新开了는 동사 앞에 1음절 형용사가 더해진 형태입니다.
> 예) 他多买了三本书。
> 他晚来了五分钟。

단어 价格 jiàgé 명 가격

음식과 관련한 성어 및 속담 표현입니다. 알맞은 상황에서 잘 활용해 보세요. **MP3 01-16**

争风吃醋
zhēngfēng-chīcù
질투하여 다투다

病从口入。
Bìng cóng kǒu rù.
항상 먹는 음식에 주의해야 한다.
(병은 입으로 들어온다.)

人是铁，饭是钢。
Rén shì tiě, fàn shì gāng.
금강산도 식후경
(사람이 무쇠라면 밥은 강철이다.)

冬吃萝卜夏吃姜。
Dōng chī luóbo xià chī jiāng.
계절 음식이 건강에 좋다.
(겨울에는 무를 먹고, 여름에는 생강을 먹는다.)

千补万补，不如饭补。
Qiān bǔ wàn bǔ, bùrú fàn bǔ.
밥이 최고의 보약이다.
(아무리 보양을 해도 밥으로 보양을 하는 것만 못하다.)

吃不穷穿不穷，不会打算一世穷。
Chī bù qióng chuān bù qióng,
bú huì dǎsuàn yíshì qióng.
분수에 맞게 살아야 한다.
(먹는 것이 궁하지 않고, 입는 것이 궁하지 않으면
계산을 할 줄 몰라 평생 궁하다.)

자주 활용할 수 있는 문장입니다. 100문장 암기를 목표로 외워 보세요.

MP3 01-17

1 你来中国多长时间了？

2 差不多快两个月了吧。

3 你觉得中国菜合你的口味吗？

4 最近在韩国也很受欢迎呢！

5 我可喜欢吃中国菜了。

6 我们去尝尝地道的中国菜吧。

7 我还没尝过呢。

8 川菜又麻又辣。

9 别等周末了。

10 今天下了课就去，怎么样？

벌써 10문장이 술술!

1	2	3	4	5	6	7	8	9	10
✔									

学做一道菜 "小葱拌豆腐"

'두부쪽파무침'을 배워 봅시다

材料 재료

豆腐300克, 小葱30克, 盐3克, 香油4克, 豆油20克。

두부 300g, 쪽파 30g, 소금 3g, 참기름 4g, 식용유 20g

做法 조리법

第一步骤: 将小葱除去黄叶, 洗净后切成葱花。

1단계: 쪽파에서 누런 잎을 제거하고, 깨끗하게 씻은 후 잘게 썬다.

第二步骤: 豆腐切成小块, 放入热水焯去豆腥味。

2단계: 두부를 작게 자르고 뜨거운 물에 넣어 데쳐서 두부 비린내를 제거한다.

第三步骤: 把豆腐取出用冷水过凉, 捞出沥出水分, 盛装在盘内。

3단계: 두부를 건져서 차가운 물로 식히고, 건져내서 수분을 제거한 후 접시에 담는다.

第四步骤: 随即加入盐, 再撒上葱花, 淋上香油。

4단계: 바로 소금을 넣은 후, 쪽파 다진 것을 뿌리고 참기름을 떨어뜨린다.

第五步骤: 将锅置于中火加热, 倒入油熬熟后, 再盛装碗中, 待冷却后 淋浇在豆腐上, 就可上餐桌, 食时拌匀即可。

5단계: 냄비를 중불에 올려 데우고, 기름을 넣고 익힌 후 그릇에 담아서 차가워지기를 기다렸다가 두부 위에 뿌리고 바로 식탁에 올려 먹을 때 섞으면 된다.

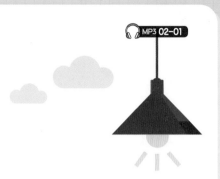
02

租房

○ 학습 목표　집 구하기와 관련된 문화를 이해하고 다양한 표현을 활용할 수 있다.

○ 학습 내용　**1.** 주택 관련 표현　　**2.** 跟……比起来

小区
주택 단지

아파트

学校宿舍
학교 기숙사

房产中介
부동산 중개소

△△부동산 중개소

대학 기숙사

租房广告
임대 광고

생각해 봐요!

想一想!

다음 상황을 중국어로 생각해 보세요.

박명호

한쉐, 어제 나 학교 근처에서 맘에 드는 집 하나 봐 뒀어.

한쉐

뭐라고? 너 학교 기숙사에서 안 살고 싶어졌어?

박명호

응, 내 룸메이트가 음악 듣는 걸 너무 좋아해. 나 정말 참을 수가 없어.

한쉐

혼자서 살면 좀 더 편하긴 할 거야.

박명호

그건 당연하지. 하지만 기숙사와 비교하면 집세도 많이 비싸.

한쉐

네 마음에 든 것은 어떤 집이야?

박명호

방 하나에 거실 하나야, 단지 안에 도서관도 있어.

한쉐

단지 환경이 그렇게 좋으면 집세가 분명 저렴하지 않겠다.

박명호

나 1년 정도 세 들어 살 생각이라니까, 집주인이 20% 저렴하게 해 주겠대.

한쉐

그럼 그런대로 괜찮다. 하지만 너 앞으로 외식은 줄여야겠다. 하하.

○ 중국에서 장기 혹은 단기로 거주하게 될 경우 가장 먼저 집을 구해야 하는 상황에 부딪히게 됩니다. 중국에서 직접 집을 구하게 되었다고 생각하고 다양한 어휘와 문형을 익혀 보세요.

본문 ① 대화하기

집 구하기를 주제로 한 대화입니다. 뜻을 생각하며 읽어 보세요.

🎧 MP3 02-02

朴明浩 小雪，昨天我在学校附近看中❶了一套❷房子。

韩雪 怎么了❸？你不想住学校宿舍了？

朴明浩 是啊，我的同屋太喜欢听音乐了，我实在受不了。

韩雪 一个人住的话，会更方便一些吧。

朴明浩 那当然了。不过跟宿舍比起来❹，房租也贵了不少。

韩雪 你看中的是套什么样的房子啊？

朴明浩 一室一厅，小区里还有图书馆呢。

韩雪 小区环境这么好，那租金肯定不便宜。

朴明浩 我打算租一年，房东说可以给我打八折。

韩雪 那还行。不过你以后得少❺下馆子了，哈哈。

본문 ② **읽어 보기**

이 과의 주제와 관련된 내용의 평서문입니다. 뜻을 생각하며 읽어 보세요.

MP3 02-03

　　来北京后，我一直住在学校的留学生宿舍。我的同屋是一个法国人，他来中国已经两年了，汉语说得很不错。我们的宿舍很小，房间里只有一个卫生间，厨房在外边，是公用的。虽然宿舍不大，但是❻我和同屋都觉得住在这儿挺好。

🔑 **문법 Tip!**

❶ '동사+中' 구조의 中은 결과보어로, 동작이 목적에 도달함을 나타낸다.
❷ 套는 세트나 조를 이루는 사물에 쓰는 양사이다.
❸ 怎么了가 문장 앞에서 서술어로 쓰이면, 약간 놀라면서 무슨 일인지 물어보는 의미이다.
❹ '跟……比起来'는 '～와 비교하면'의 의미이다.
❺ '少+동사'는 동사를 적게 하라는 의미이다.
❻ '虽然……，但是……'는 '비록 ～하지만, ～하다'라는 의미이다.

👄 **발음 Tip!**

❶ 中은 의미에 따라 두 개의 성조로 다르게 발음한다.

a. 중앙, 가운데 1성 zhōng

中国　中间　中级　初中　高中

b. 들어맞다, 맞추다 4성 zhòng

这回被你说中了。
我听说他中了头奖。

❷ 受不了에서 了는 le가 아니라 liǎo로 발음한다.

본문에 나온 새 단어입니다. 글자, 한어병음, 뜻을 모두 익히세요.

□ **套** tào 양 벌, 세트

□ **房子** fángzi 명 집

□ **住** zhù 동 살다

□ **音乐** yīnyuè 명 음악

□ **实在** shízài 부 확실히, 정말

□ **受不了** shòu bu liǎo 참을 수 없다

□ **一些** yìxiē 약간, 조금

□ **比** bǐ 동 비교하다

□ **房租** fángzū 명 집세

□ **贵** guì 형 비싸다

□ **少** shǎo 형 적다

□ **什么样** shénme yàng 어떠하다

□ **一室一厅** yí shì yì tīng 방 하나 거실 하나

□ **小区** xiǎoqū 명 단지

□ **环境** huánjìng 명 환경

□ **租金** zūjīn 명 임대료

□ **肯定** kěndìng 부 틀림없이, 분명히

□ **便宜** piányi 형 (값이) 싸다

□ **租** zū 동 세 놓다, 세 들다

□ **房东** fángdōng 명 집주인

□ **下馆子** xià guǎnzi 외식하다

□ **哈哈** hāhā 의성 웃음소리를 나타냄

□ **留学生** liúxuéshēng 명 유학생

□ **法国** Fǎguó 고유 프랑스

□ **房间** fángjiān 명 방

□ **卫生间** wèishēngjiān 명 화장실

□ **厨房** chúfáng 명 주방

□ **公用** gōngyòng 동 함께 사용하다

□ **虽然** suīrán 접 비록 ~할지라도

초중급 단계에서 꼭 필요한 주요 문법입니다. 반복하여 학습하세요.

01 昨天我在学校附近看中了一套房子

• 이 그림 나 마음에 들어.	这幅画我看中了。
• 이 수수께끼는 그 사람이 맞췄어.	这个谜语他猜中了。
• 이 일은 또 정말 네가 알아맞혀 버렸어.	这件事情还真让你说中了。
• 난 네 말이 그 사람의 걱정거리를 맞췄다고 생각해.	我觉得你的话说中了他的心事。

'동사+中' 구조에서 中은 결과보어로 동작이 목적에 도달함을 나타내고 일부 단음절 동사나 타동사 뒤에 위치한다. 이때 中은 4성(zhòng)으로 발음해야 한다.

단어 幅 fú 영 천이나 서화 등을 세는 단위 | 谜语 míyǔ 영 수수께끼 | 猜 cāi 동 추측하다, 알아맞히다 | 心事 xīnshì 영 걱정거리

02 昨天我在学校附近看中了一套房子

• 난 우표 한 세트를 샀어.	我买了一套邮票。
• 이 가구 세트 예쁘다, 내 맘에 들어.	这一套家具好看，我喜欢。
• 빨리 옷 갈아입고 나갈 준비해.	你快去换一套衣服，准备出门吧。
• 이것은 우리가 널 위해 고른 다기 세트야, 한번 봐 봐.	这是我们给你选的一套茶具， 你看看。

套는 세트나 조를 이루는 사물에 쓰는 양사이다.

단어 邮票 yóupiào 영 우표 | 家具 jiājù 영 가구 | 选 xuǎn 동 고르다 | 茶具 chájù 영 다기 세트

03 怎么了？你不想住学校宿舍了？

- 무슨 일이야, 너 어디 아파?　　　　怎么了，你哪儿不舒服吗？
- 무슨 일이야? 너는 왜 안 가게 되었어?　怎么了，你为什么不去了？
- 무슨 일이야, 그 사람 무슨 일 생겼어?　怎么了，他出了什么事吗？
- 무슨 일이야, 너 오늘 안색이 왜 이렇게 안 좋아?　怎么了，你今天脸色怎么这么难看？

怎么了가 서술어로 쓰이면서 문장 앞에 위치하고 뒤에 휴지가 있으면 '약간 놀라면서 무슨 일이 있는지 물어보는' 의미를 나타낸다.

단어 出事 chūshì 图 사고가 나다, 안 좋은 일이 생기다 | 难看 nánkàn 图 (안색이) 좋지 않다

04 不过跟宿舍比起来，房租也贵了不少

- 커피와 비교하면, 난 차 마시는 걸 더 좋아해.　跟咖啡比起来，我更喜欢喝茶。
- 서울과 비교하면, 여기가 훨씬 시원해.　跟首尔比起来，这里凉快多了。
- 시장과 비교하면, 여기 물건이 훨씬 비싸.　跟市场比起来，这里的东西贵多了。
- 사실 일반 사람들과 비교해도, 별로 다른 게 없어.　其实跟普通人比起来，也没有什么不同。

'跟……比起来'는 'A跟B比'에서 比에 방향보어 起来가 더해지고 A가 없는 형식으로 '～와 비교하면'의 의미이다.

단어 市场 shìchǎng 图 시장 | 普通 pǔtōng 图 보통이다, 일반적이다 | 同 tóng 图图 같다

05 不过你以后得少下馆子了

🎧 MP3 02-09

• 너 헛소리 그만해.	你少说废话。
• 이런 사람은 보기 드물어.	这种人很少见。
• 말은 적게 하고, 일은 많이 해야 해.	少说话，多做事。
• 난 네가 아무래도 좀 적게 먹는 게 좋다고 생각해.	我觉得你还是少吃一点吧。

'少＋동사' 구조는 앞에 있는 少가 동사를 수식하는 형식으로 '적게'라는 의미를 나타낸다.

📖 단어 废话 fèihuà 몡 쓸데없는 말

06 虽然宿舍不大，但是我和同屋都觉得住在这儿挺好

🎧 MP3 02-10

• 내가 중국어를 할 줄은 모르지만, 중국을 가고 싶어.	虽然我不会说汉语，但是我很想去中国。
• 날씨는 안 좋지만, 우리는 그래도 등산했어.	虽然天气不好，但是我们还是去爬山了。
• 이 옷이 좀 비싸기는 하지만, 품질은 괜찮아.	这件衣服虽然有点儿贵，但是质量很不错。
• 그녀의 엄마는 동의하지 않지만, 그녀는 그래도 가고 싶어 했어.	虽然她的妈妈不同意，但是她还是很想去。

'虽然……，但是……'에서 虽然은 양보를 나타내는데, 虽然에 이어지는 것을 사실로 인정하지만, 但是 뒤에 있는 일을 하겠다는 것을 표현하며, '비록 ～하지만, ～하다'라는 의미이다.

📖 단어 质量 zhìliàng 몡 품질

단어를 교체하며 문형을 익히는 연습입니다. 반복하여 읽어 보세요.

1 🗣 ① ② ③ ④ ⑤ 🎧 MP3 02-11

我买了一套邮票。

这套餐具是我从法国买回来的。

这是我们给你选的一套茶具，你看看。

生日的时候，妈妈买了一套书送给我。

나 양복 한 벌 샀어.

나는 강변의 집 한 채 사고 싶어.

나 새로 가구 한 세트 샀어, 너 좀 봐 봐.

이 옷은 면접시험에 참가하기에 정말 적당해.

2 🗣 ① ② ③ ④ ⑤ 🎧 MP3 02-12

怎么了，你为什么不去了？

怎么了，你哪儿不舒服吗？

怎么了？你觉得这样说不对吗？

怎么了？他们为什么都不说话啊？

어떻게 된 거야, 너 무슨 일 있는 거야?

어떻게 된 거야, 엄마 왜 슈퍼마켓 안 가셔?

너 오늘 어떻게 된 거야? 선생님께 혼났어?

그 사람 오늘 어떻게 된 거야? 계속 전화를 안 받아.

📋 **단어** 餐具 cānjù 몡 식기 | 西服 xīfú 몡 양복 | 江 jiāng 몡 강 | 适合 shìhé 통 알맞다, 적절하다 | 参加 cānjiā 통 참가하다 | 面试 miànshì 몡통 면접시험(을 보다)

📋 **단어** 被 bèi 젠 ~에게 ~당하다 | 批评 pīpíng 통 꾸짖다, 주의를 주다 | 接 jiē 통 받다

3 ☐☐☐☐☐ 🎧 MP3 02-13

跟首尔比起来，这里凉快多了。

跟咖啡比起来，我更喜欢喝茶。

跟面条比起来，我更喜欢吃米粉。

跟手机比起来，我觉得用电脑更方便。

베이징과 비교하면, 여기가 훨씬 더워.

농구와 비교하면, 난 축구 시합 보는 걸 더 좋아해.

여행과 비교하면, 나는 책 보는 걸 훨씬 좋아해.

영어와 비교하면, 그 사람은 수학에 더 흥미를 가지고 있어.

🔢 단어 | 米粉 mǐfěn 📖 쌀국수 | 篮球 lánqiú 📖 농구 | 比赛 bǐsài 📖 시합 | 数学 shùxué 📖 수학 | 对……感兴趣 duì…… gǎn xìngqù ～에 흥미가 있다

4 ☐1☐2☐3☐4☐5 🎧 MP3 02-14

这种人很少见。

盐要少放一点儿。

我觉得你还是少吃一点儿吧。

少买几个，已经够多的了。

이런 휴대전화는 보기 드물어.

말 좀 적게 해, 다른 사람이 듣고 싶지 않아 해.

그런 곳은 아무래도 자주 안 가는 것이 좋은 것 같아.

나는 네가 아무래도 좀 적게 마시는 것이 좋다고 생각해.

🔢 단어 | 盐 yán 📖 소금 | 够 gòu 📖 충분하다

본문을 응용한 회화 연습입니다. 뜻을 생각하며 읽어 보세요.

MP3 02-15

1

A 你租了一套什么样的房子啊?
Nǐ zūle yí tào shénme yàng de fángzi a?

B 两室一厅,还有两个卫生间呢。
Liǎng shì yì tīng, hái yǒu liǎng ge wèishēngjiān ne.

○ 우리 집(home)
은 家, 건물 집
(house)은 房子이
고, 방(room)은 房
间입니다.

○ 화장실은 厕所
cèsuǒ, 洗手间
xǐshǒujiān, 卫生
间wèishēngjiān
등 다양한 표현이
있습니다.

2

A 你那个小区的租金贵不贵?
Nǐ nàge xiǎoqū de zūjīn guì bu guì?

B 跟你们这个小区比起来,便宜一点儿。
Gēn nǐmen zhège xiǎoqū bǐ qǐlai, piányi yìdiǎnr.

3

A 听说你从这个学期开始住宿舍,是吗?
Tīngshuō nǐ cóng zhège xuéqī kāishǐ zhù sùshè, shì ma?

B 是啊,在外面租房子太贵了。
Shì a, zài wàimiàn zū fángzi tài guì le.

4

A 你的同屋怎么样?
Nǐ de tóngwū zěnmeyàng?

B 还不错,我们经常一起吃饭。
Hái búcuò, wǒmen jīngcháng yìqǐ chī fàn.

단어 经常 jīngcháng 📖 늘, 언제나

집과 관련한 숙어 표현입니다. 알맞은 상황에서 잘 활용해 보세요.

MP3 02-16

爱屋及乌
ài wū jí wū
아내가 귀여우면 처갓집 말뚝에다 대고 절을 한다
(아내를 사랑하면 그 집 까마귀까지 사랑한다)

屋漏偏逢连夜雨。
Wū lòu piān féng liányè yǔ.
불행은 하나만 오는 것이 아니다.
(지붕이 새면 꼭 밤마다 비가 내린다.)

砖连砖成墙，瓦连瓦成房。
Zhuān lián zhuān chéng qiáng,
wǎ lián wǎ chéng fáng.
상부상조해야 한다.
(벽돌과 벽돌을 붙이면 담이 되고,
기와와 기와를 이으면 집이 된다.)

拆东墙，补西墙，结果还是住破房。
Chāi dōng qiáng, bǔ xī qiáng,
jiéguǒ háishi zhù pòfáng.
무슨 일이든 대충대충해서는 좋은 결과를 낳을 수 없다.
(동쪽 담을 부수어 서쪽 담을 지으면
여전히 허름한 집에서 살 뿐이다.)

金窝窝，银窝窝，不如自家的土窝窝。
Jīn wōwo, yín wōwo,
bùrú zìjiā de tǔ wōwo.
작은 집이라도 자기 집이 최고다.
(금으로 된 집과 은으로 된 집이
흙으로 된 자기 집만 못하다.)

一根木头盖不成房，一块砖头砌不成墙。
Yì gēn mùtou gài bu chéng fáng,
yí kuài zhuāntou qì bu chéng qiáng.
서로 서로 힘을 모아야 좋은 결과를 낳을 수 있다.
(나무 하나로는 집을 지을 수 없고,
벽돌 하나로는 담을 만들 수 없다.)

자주 활용할 수 있는 문장입니다. 100문장 암기를 목표로 외워 보세요. MP3 02-17

11 我在学校附近看中了一套房子。

12 我实在受不了。

13 一个人住会更方便一些。

14 跟宿舍比起来，房租也贵了不少。

15 那是套什么样的房子？

16 租金肯定不便宜。

17 我打算租一年。

18 房东说可以给我打八折。

19 你以后得少下馆子。

20 虽然宿舍不大，但是我觉得住在这儿挺好。

벌써 20문장이 술술!

11	12	13	14	15	16	17	18	19	20
✓									

房租信息 임대 정보

3000元/月 (押一付三)
3000위안/월
(1개월치 방세를 보증금으로 하고, 3개월씩 월세 지불)

出租方式 임대 방식	户型 방 구조	面积 전용 면적
整租 전체 임대	二室一厅一卫 방 2개 거실 1개 화장실 1개	51平方米 51 m²
朝向 방향	楼层(共14层) 층(총14층)	装修 인테리어
东北 동북향	高层 고층	精装修 인테리어 완비

房源描述 집 상태
房源亮点 매물 특징

一: **地理位置优越。**
위치가 매우 뛰어남.

二: **公交地铁十分方便。**
버스 지하철 이용하기 편리함.

三: **购物方便，节省您的宝贵时间。**
쇼핑하기 편리하여 시간을 절약할 수 있음.

四: **小区环境优美。好环境总会给人带来好心情。**
단지 환경이 훌륭함. 좋은 환경은 사람들에게 편안함을 가져다 줌.

五: **房间干净整洁，温馨舒适，随时等您入住。**
집이 깨끗하고 안락하며 즉시 입주 가능함.

六: **宽敞明亮，布局大方，采光好。**
넓고 밝으며, 배치가 우아하고 채광이 좋음.

佣金: 1个月租金
중개 수수료: 1개월 임대료

如发现问题，请打公司投诉电话 010-8888-8888
문제가 발견될 때에는 회사의 제보전화 010-8888-8888로 전화 주십시오.

03

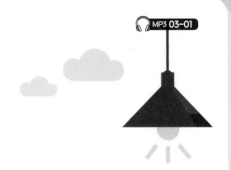

生日

○ 학습 목표　생일과 관련된 문화를 이해하고 다양한 표현을 활용할 수 있다.
○ 학습 내용　**1.** 생일 관련 문화　**2.** 难忘

吹蜡烛，许愿
촛불 불며 소원 빌기

生日蛋糕
생일 케이크

海带汤
미역국

长寿面
장수면

다음 상황을 중국어로 생각해 보세요.

가오펑

지민아, 축하해! 너 오늘이 '귀빠진 날'이라며!

한쉐

오늘이 지민이 생일이야, 생일 축하해!

최지민

너희들이 내 생일을 함께 보내 줘서 고마워!

박명호

이것은 우리들이 너를 위해 산 생일 케이크야, 맘에 들어?

최지민

와! 이거 내가 가장 좋아하는 치즈 케이크네!

가오펑

촛불 다 켰으니까 우리 생일 노래 같이 부르자, 지민아, 너 소원 빌어!

(촛불을 분다)

한쉐

또 널 위한 선물도 샀어, 열어 봐 봐.

최지민

와! 정말 예쁜 컵이네, 컵 면에 우리들이 함께 찍은 사진도 있어!

박명호

어때? 마음에 들어?

최지민

정말 특별한 생일 선물이야! 고마워! 내가 오늘 장수면 한턱낼게.

◉ 한국에서는 어른들이 생일을 '귀빠진 날'이라고 하기도 하는데 중국에서는 '꼬리가 생긴 날'이라고 하고, 또 한국에서는 생일날 미역국을 먹는데 중국은 장수면을 먹습니다. 중국의 생일 문화를 이해하면서 다양한 표현을 공부해 보세요.

생일을 주제로 한 대화입니다. 뜻을 생각하며 읽어 보세요.

🎧 MP3 03-02

高朋　　小敏，祝贺你！听说你今天"长尾巴"啊！

韩雪　　今天是小敏的生日呢，祝你生日快乐！

崔智敏　谢谢你们来陪我过❶生日！

朴明浩　这是我们给你买的生日蛋糕，喜欢吗？

崔智敏　哇！这可是我最喜欢的奶酪蛋糕！

高朋　　蜡烛点好❷了，大家一起唱生日歌吧，小敏，你快许个愿！

（吹蜡烛）

韩雪　　还给你买了礼物呢，打开❸看看吧。

崔智敏　哇！好❹漂亮的杯子啊，上面还有咱们的合影呢！

朴明浩　怎么样？满意吗？

崔智敏　真是一件很特别的生日礼物！谢谢！今天我请大家吃长寿面！

본문 ② 읽어 보기

이 과의 주제와 관련된 내용의 평서문입니다. 뜻을 생각하며 읽어 보세요.　　MP3 03-03

　　今年是我第一次在中国过生日。早上，我接到了爸爸、妈妈和姐姐的电话，他们都祝我生日快乐。虽然我没吃到妈妈做的海带汤，但是我的朋友亲❺手给我做了一个奶酪蛋糕。我很感动，因为朋友们陪我度过了一个难忘❻的生日。

🔑 문법 Tip!

❶ 동사 过는 어떠한 시간의 경과를 나타내며, 了, 着, 过가 뒤에 더해질 수 있고, 명사 목적어를 동반할 수 있다.
❷ '동사+好' 구조에서 好는 결과보어로 완성의 의미를 나타낸다.
❸ '동사+开' 구조에서 开는 결과보어로 떠나거나, 펼쳐지는 등의 의미를 나타낸다.
❹ 好가 부사로 쓰이면 정도가 심함을 나타내며 감탄의 뉘앙스를 포함하고 있다.
❺ '亲+신체 부위 명사' 구조에서 亲은 '(신체 부위로) 직접'의 의미를 나타낸다.
❻ '难+동사' 구조에서 难은 조동사와 같은 역할을 하며 '~하기 어렵다'의 의미를 나타낸다.

👄 발음 Tip!

❶ 长은 길다, 길이, 거리, 특기 등의 의미일 때는 cháng이고, 생기다, 자라다 등의 의미일 때는 zhǎng으로 발음한다. 그러므로 长尾巴의 长은 zhǎng으로 발음한다.
　　cháng 这个比那个长。　　　　zhǎng 他们俩长得很像。

❷ 我很感动에서 3성이 세 개 연속 출현하는데 이때는 3성 2성 3성으로 발음한다.

본문에 나온 새 단어입니다. 글자, 한어병음, 뜻을 모두 익히세요.　MP3 03-04

□ **祝贺** zhùhè 통 축하하다

□ **长尾巴** zhǎng wěiba 꼬리가 나다, 귀빠진 날이다[생일을 비유함]

□ **祝** zhù 통 축하하다, 기원하다

□ **快乐** kuàilè 형 즐겁다, 유쾌하다

□ **奶酪** nǎilào 명 치즈

□ **蜡烛** làzhú 명 양초

□ **点** diǎn 통 불을 붙이다

□ **唱** chàng 통 노래하다

□ **歌** gē 명 노래

□ **许愿** xǔyuàn 통 소원을 빌다

□ **吹** chuī 통 입으로 불다, 바람이 불다

□ **好** hǎo 부 정말, 매우

□ **杯子** bēizi 명 잔

□ **上面** shàngmiàn 명 위쪽

□ **合影** héyǐng 명 단체 사진

□ **满意** mǎnyì 통 만족하다

□ **大家** dàjiā 대 모두

□ **长寿面** chángshòumiàn 명 장수면 [생일 때 먹는 국수 요리]

□ **第** dì 접두 제[차례나 순서를 나타냄]

□ **接** jiē 통 (전화 등을) 받다

□ **姐姐** jiějie 명 누나, 언니

□ **海带** hǎidài 명 미역

□ **汤** tāng 명 국, 탕

□ **亲手** qīnshǒu 부 직접, 스스로

□ **感动** gǎndòng 통 감동하다

□ **度** dù 통 (시간을) 보내다

□ **难忘** nánwàng 통 잊기 어렵다

초중급 단계에서 꼭 필요한 주요 문법입니다. 반복하여 학습하세요.

01 谢谢你们来陪我过生日!

 MP3 03-05

- 생활이 갈수록 좋아질 거야.
- 요즘 너 잘 지내?
- 너 광저우에서 음력설 쇨 거야?
- 올해 생일 너는 어떻게 보낼 작정이야?

日子会越过越好的。

最近你过得还好吗?

你会在广州过春节吗?

今年的生日你打算怎么过啊?

동사 过는 어떠한 시간의 경과를 나타내며, 了, 着, 过가 뒤에 더해질 수 있고, 명사 목적어를 동반할 수 있다.

단어 日子 rìzi 몡 생활, 형편, 날, 날짜 | 越 yuè 뭔 ~할수록 ~하다[중복하여 사용됨]

02 蜡烛点好了

 MP3 03-06

- 너희들 준비 다 했어?
- 우리 다 먹었어요, 감사합니다.
- 그 사람 생일 선물은 내가 이미 샀어.
- 밥은 다 됐는데, 왜 아직 먹으러 안 오는 거니?

你们都准备好了吗?

我们都吃好了，谢谢。

他的生日礼物我已经买好了。

饭都做好了，怎么还不来吃啊?

'동사+好' 구조에서 好는 결과보어로 완성의 의미를 나타낸다.

03 打开看看吧

MP3 03-07

- 너 좀 넓게 생각해 봐.
- 너 먼저 떠나지 마.
- 너 이 수박 좀 잘라 봐.
- 그 사람 온 후에 선물 열어 보자.

你想开点儿。

你先别走开。

你把这个西瓜切开看看。

等他来了以后再打开礼物吧。

'동사+开' 구조에서 开는 결과보어로 사람과 사물이 동작을 하여 분리되거나, 떠나거나, 펼쳐지는 등의 의미를 나타내며 说, 想, 看 등의 일부 동사와 함께 있을 때는 '(생각을) 분명히 하거나, 넓게 하는' 의미를 나타낸다.

단어 西瓜 xīguā 명 수박 | 切 qiē 동 자르다

04 好漂亮的杯子啊

MP3 03-08

- 여기 커피 정말 향이 좋아!
- 이 강아지 정말 귀여워.
- 오랫동안 그 사람 소식이 없었어.
- 바람 정말 세다, 우리 집으로 돌아가자.

这里的咖啡好香啊!

这只小狗好可爱啊!

好长时间没有他的消息了。

好大的风啊，咱们回家吧。

好가 부사로 쓰이면 정도가 심함을 나타내며 감탄의 뉘앙스를 많이 포함하고 있다.

단어 香 xiāng 형 향기가 좋다 | 只 zhī 양 마리 | 消息 xiāoxi 명 소식

05 我的朋友亲手给我做了一个奶酪蛋糕 MP3 03-09

• 이 일은 그 사람이 직접 나에게 알려준 거야.	这件事是他亲口告诉我的。
• 들은 것이 아니라, 내가 직접 봤어.	不是听说的，我亲眼看到了。
• 네가 직접 몸으로 경험해 보면 알 거야.	你去亲身体验一下就知道了。
• 이것은 내가 직접 만든 케이크야, 너 맛 좀 봐 봐.	这是我亲手做的蛋糕，你尝尝。

'亲＋신체 부위 명사' 구조에서 亲은 '(신체 부위로) 직접'의 의미를 나타낸다.

단어 亲口 qīnkǒu 및 자기의 입으로 | 亲眼 qīnyǎn 및 제 눈으로 | 亲身 qīnshēn 형 몸소 겪은

06 朋友们陪我度过了一个难忘的生日 MP3 03-10

• 이 일은 정말 처리하기 어려워.	这件事情真难办。
• 여기 음식은 정말 맛없어.	这里的菜真难吃。
• 그 길은 걸어가기가 어려워.	那条路很难走。
• 그들은 함께 잊을 수 없는 크리스마스를 보냈다.	他们一起度过了一个难忘的圣诞节。

'难＋동사' 구조에서 难은 조동사와 같은 역할을 하며 '~하기 어렵다'의 의미를 나타낸다.

단어 圣诞节 Shèngdànjié 명 성탄절

단어를 교체하며 문형을 익히는 연습입니다. 반복하여 읽어 보세요.

1  🎧 MP3 03-11

最近过得怎么样啊?

你会在广州过春节吗?

我想去别的国家过圣诞节。

今年的生日你打算怎么过啊?

이번 주말 어떻게 지냈어?

너 어디에서 음력설 쇨 생각이야?

올해 나는 할머니 댁에서 음력설을 보냈어.

나는 여기에서 정말 잘 지내고 있으니까 걱정하지 마.

2 🎧 MP3 03-12

请系好安全带。

衣服我已经洗好了。

你们都准备好了吗?

他的生日礼物我已经买好了。

너희들 모두 다 먹었어?

제 휴대전화 수리 다 되었나요?

네 생일 케이크는 내가 이미 다 만들었어.

너는 생각 다 한 후에 다시 나에게 알려 줘.

단어 广州 Guǎngzhōu 고유 광저우

단어 系 jì 동 매다, 묶다 | 安全带 ānquándài 명 안전벨트 | 修 xiū 동 수리하다

52 생일

3 ①②③④⑤ 🎧 MP3 03-13

这儿的咖啡好香啊！

我们好长时间没见面了。

好大的风啊，咱们回家吧！

好漂亮的花啊，谁送给你的呀？

이 강아지 정말 귀엽다!

엄마가 만든 요리는 정말 맛있어!

여기 물건 정말 비싸, 사지 말자.

비 정말 많이 온다, 우리 나가지 말자.

4 ①②③④⑤ 🎧 MP3 03-14

这件事情真难办。

这种手机太难看了。

这里的咖啡真难喝。

昨天食堂的菜可难吃了。

이 글자는 정말 쓰기 어려워.

이것은 정말 잊을 수 없는 주말이야.

우리는 잊을 수 없는 성탄절을 보냈어.

그 사람이 한 그 말들은 정말 듣기 힘들었어.

본문을 응용한 회화 연습입니다. 뜻을 생각하며 읽어 보세요.

MP3 03-15

1

A 你给妈妈准备生日礼物了吗?
Nǐ gěi māma zhǔnbèi shēngrì lǐwù le ma?

B 早就准备好了。
Zǎo jiù zhǔnbèi hǎo le.

'早就······了'는 '벌써 ~했다', '일 찌감치 ~해 뒀다'의 의미를 나타냅니다.

2

A 今年的生日，你收到了几件礼物?
Jīnnián de shēngrì, nǐ shōudàole jǐ jiàn lǐwù?

B 一件也没有收到。
Yí jiàn yě méiyǒu shōudào.

收 shōu는 구체적인 물건을 받을 때 사용하고, 受shòu는 추상적인 것을 받을 때 사용합니다.

예 收钱 shōu qián 돈을 받다
受欢迎 shòu huānyíng 환영을 받다

3

A 你的生日快到了，你想怎么过?
Nǐ de shēngrì kuài dào le, nǐ xiǎng zěnme guò?

B 跟朋友一起吃一顿好吃的。
Gēn péngyou yìqǐ chī yí dùn hǎochī de.

顿 dùn은 '식사 한 끼'에서 '끼'에 해당하는 양사입니다.

4

A 谢谢你们的生日礼物。
Xièxie nǐmen de shēngrì lǐwù.

B 你喜欢就行。
Nǐ xǐhuan jiù xíng.

더 높이 날아 봐요!

更上一层楼!

나이와 관련한 성어 표현입니다. 알맞은 상황에서 잘 활용해 보세요.

 MP3 03-16

二十弱冠。
Èrshí ruòguàn.
스물은 약관이다.

三十而立。
Sānshí ér lì.
서른은 이립이다.

四十不惑。
Sìshí bú huò.
마흔은 불혹이다.

五十知天命。
Wǔshí zhī tiānmìng.
쉰은 지천명이다.

人生七十古来稀。
Rénshēng qīshí gǔ lái xī.
일흔은 고희이다.
(사람이 70세까지 살기 어렵다.)

福如东海，寿比南山。
Fú rú dōnghǎi, shòu bǐ nánshān.
만수무강하세요.
(복은 동해와 같고, 수명은 남산과 같다.)

자주 활용할 수 있는 문장입니다. 100문장 암기를 목표로 외워 보세요.   🎧 MP3 03-17

21 听说你今天"长尾巴"啊!

22 谢谢你们来陪我过生日!

23 蜡烛点好了。

24 你快许个愿!

25 打开看看吧。

26 好漂亮的杯子啊。

27 上面还有咱们的合影呢!

28 今天我请大家吃长寿面!

29 他们都祝我生日快乐。

30 朋友们陪我度过了一个难忘的生日。

벌써 30문장이 술술!

21	22	23	24	25	26	27	28	29	30
✓									

22岁生日派对邀请函 스물두 살 생일 파티 초청장

亲爱的燕子：

　　我想邀请你参加本周六我的生日派对。希望我们能度过一个愉快而又值得回忆的夜晚。我们可以把酒畅谈，回忆我们曾经的往事和趣事，再次真诚地邀请你。

　　地址：高兴餐厅

　　时间：2088年8月8日 下午5点

　　邀请人：王晓伟

해석

사랑하는 옌즈에게:

　이번 주 토요일에 있는 내 생일 파티에 널 초대하고 싶어. 우리 즐겁고 추억으로 기억할 저녁을 보낼 수 있을 거야. 우리 술을 마시면서 얘기를 나누고 우리들의 지난 일과 즐거웠던 일을 추억할 수 있도록 다시 한번 진심으로 너를 초대할게.

　주소: 해피식당

　시간: 2088년 8월 8일 오후 5시

　초청인: 왕샤오웨이

04

网购

◦ 학습 목표 인터넷 쇼핑 관련 문화를 이해하고 다양한 표현을 활용할 수 있다.

◦ 학습 내용 **1.** 쇼핑 관련 문화 **2.** 懒得

网购
인터넷 쇼핑

打折
세일

快递
택배

逛街
쇼핑하러 돌아다니다

생각해 봐요!

想一想!

다음 상황을 중국어로 생각해 보세요.

최지민

가오펑, 이렇게 많은 종이 상자는 다 뭐야?

가오펑

하하, 모두 내가 인터넷에서 산 물건이지.

최지민

네가 이렇게 인터넷 쇼핑을 좋아할 줄은 생각도 못 했어.

가오펑

봐, 이건 '원 플러스 원'이고, 이것은 70% 세일이야!

최지민

그렇게 저렴해? 어쩐지 네가 쇼핑하러 나가는 걸 귀찮아하더라.

가오펑

자, 먼저 앉아 봐, 내가 차 한 잔 끓여 줄게.

최지민

그래, 무슨 좋은 차길래?

가오펑

망했다! 이 녹차 두 통 벌써 유효 기간 지났어.

최지민

너 좀 봐, 이렇게 많이 사고서는 결국 전부 낭비하잖아.

가오펑

상관없어, 여기 어제 막 도착한 두 통이 있거든.

중국 사람들은 평소에 다양한 방식으로 쇼핑을 즐기는데 인터넷 쇼핑도 그 중 하나로 점점 많은 사람들이 이러한 방식을 이용하고 있습니다. 특히 11월 11일은 光棍节 Guānggùnjié라고 하는데 이때가 되면 많은 사람이 인터넷 쇼핑을 즐깁니다. 중국에서 인터넷 쇼핑을 한다고 생각하고 공부해 보세요.

본문 ① 대화하기

인터넷 쇼핑을 주제로 한 대화입니다. 뜻을 생각하며 읽어 보세요.

MP3 04-02

崔智敏　　高朋，这么多纸箱子都是些什么呀？

高朋　　　呵呵，都是我在网上买的东西。

崔智敏　　没想到**①**你这么喜欢网购啊！

高朋　　　你看，这个是"买一送一"，这个是三折！

崔智敏　　这么便宜？难怪**②**你懒得**③**去逛街。

高朋　　　来，你先坐下，我给你泡杯茶！

崔智敏　　行，有什么好茶啊？

高朋　　　糟了**④**！这两盒绿茶都过期了。

崔智敏　　你看你**⑤**，买这么多，最后都浪费了吧。

高朋　　　没关系，这儿有昨天刚到的两盒。

본문 ② 읽어 보기

이 과의 주제와 관련된 내용의 평서문입니다. 뜻을 생각하며 읽어 보세요. 🎧 MP3 04-03

　　现在，越来越多的年轻人喜欢上了在家中网购。他们不用上街，只要动动手指头，就可以轻松地买到自己需要的商品。很多在商店里买不到的东西，在网上一搜^❻，也能很快地找到。不过，要想买到物美价廉的好东西，还得学会"货比三家"才行。

🔑 문법 Tip!

❶ 没想到는 이미 발생한 사건에 대해 생각해 본 적이 없다는 것을 나타낸다.

❷ 难怪는 '어쩐지'의 의미이다.

❸ 懒得는 어떤 일을 귀찮아서 하고 싶지 않은 것을 의미하며 뒤에 반드시 동사구가 이어진다.

❹ 糟了는 구어에서 주로 사용하는 표현으로 '망했다!'라는 의미이다.

❺ 你看你는 구어에서 자주 사용하는 표현으로 '너 좀 봐', '네 모습 좀 봐' 등의 의미를 나타낸다.

❻ 'ー+동사' 구조에서 ー는 '일단 ～'의 의미로, 어떤 짧은 동작을 통해 어떤 결과나 결론을 얻었다는 것을 나타낸다.

👄 발음 Tip!

❶ 动动은 동사 动이 중첩된 형식이므로 두 번째 动은 경성으로 발음한다.

❷ 还得学会"货比三家"才行에서 得는 조동사로 쓰였으므로 děi로 발음한다.

본문에 나온 새 단어입니다. 글자, 한어병음, 뜻을 모두 익히세요.　MP3 04-04

□ 纸 zhǐ 똉 종이

□ 箱子 xiāngzi 똉 상자, 가방

□ 呵呵 hēhē 의성 하하, 허허[웃음소리]

□ 东西 dōngxi 똉 물건, 것

□ 网购 wǎnggòu 똉 인터넷 쇼핑을
하다[网上购物의 줄임말]

□ 买一送一 mǎi yī sòng yī 하나를
사면 하나를 준다, 원 플러스 원

□ 难怪 nánguài 뙤 어쩐지

□ 懒得 lǎnde 똉 ～할 기분이 나지 않다,
～하기 귀찮다

□ 泡 pào 똉 (물 종류에) 담그다

□ 糟 zāo 쪵 엉망이다, 망치다

□ 绿茶 lǜchá 똉 녹차

□ 过期 guòqī 똉 기한을 넘기다

□ 最后 zuìhòu 똉 최후, 마지막, 결국

□ 浪费 làngfèi 똉 낭비하다
쪵 비경제적이다, 헛되다

□ 越 yuè 뙤 ～할수록 ～하다[중복하여
사용됨]

□ 年轻 niánqīng 쪵 젊다

□ 动 dòng 똉 움직이다

□ 手指头 shǒuzhǐtou 똉 손가락

□ 轻松 qīngsōng 쪵 가볍다, 수월하다

□ 商品 shāngpǐn 똉 상품, 제품

□ 搜 sōu 똉 검색하다

□ 物美价廉 wùměi-jiàlián 쩡 물건도
좋고 가격도 저렴하다

□ 货比三家 huòbǐ-sānjiā 쩡 가격을
비교하다

□ 才 cái 뙤 비로소, 겨우

배워 봐요!

초중급 단계에서 꼭 필요한 주요 문법입니다. 반복하여 학습하세요.

01 没想到你这么喜欢网购啊！

- 그 사람이 그렇게 여행을 좋아할 줄 생각도 못 했어.
- 베이징의 겨울이 이렇게 추울 줄 생각도 못 했어.
- 너의 아이가 벌써 이렇게 컸을 줄 생각지도 못 했어.
- 이렇게 빨리 도착할 줄은 나 자신조차 생각 못 했어.

没想到他那么喜欢旅游。

没想到北京的冬天这么冷。

没想到你的孩子都这么大了。

这么快就到了，我自己都没想到。

没想到는 이미 발생한 사건에 대해 생각해 본 적이 없다는 것을 나타낸다.

단어 旅游 lǚyóu 통 여행하다

02 难怪你懒得去逛街

- 어쩐지 다른 사람이 모두 이렇게 말하더라.
- 어쩐지 엄마가 오늘 이렇게 피곤해 하시더라.
- 어쩐지 네가 그 사람들과 함께 가고 싶어 하지 않더라.
- 그 사람은 중국에서 3년 살았구나, 어쩐지 중국어를 그렇게 잘 하더라.

难怪别人都这么说。

难怪妈妈今天这么累。

难怪你不想跟他们一起去。

他在中国住过三年，难怪汉语说得这么好。

难怪는 원인이 분명해져서 더 이상 이상하지 않을 정도로 이미 잘 알게 되었다는 것을 나타내며 '어쩐지'의 의미이다. 여기에서 难은 '마땅히 이상하지 않다'라는 의미이며, '难怪'가 있는 구나 절의 앞이나 뒤에 진실을 알 수 있는 작은 구나 절이 있다.

03 难怪你懒得去逛街

 MP3 04-07

- 나 지금 나가기 귀찮아.
- 그 사람이 하는 말 난 더 듣기 귀찮아.
- 너 밥하기 귀찮으면 교자 만두 먹어도 돼.
- 그 사람은 자기가 커피 타기 귀찮아서 직접 내려가서 한 잔 샀다.

我现在懒得出去。

他说的话，我懒得再听下去了。

你懒得做饭的话，吃饺子也可以。

他懒得自己泡咖啡，下去买了一杯。

懒得는 어떤 일을 귀찮아서 하고 싶지 않은 것을 의미하며 뒤에 반드시 동사구가 이어진다.

단어 饺子 jiǎozi 몡 교자, 만두

04 糟了!

 MP3 04-08

- 정말 만약에 그렇다면 완전 망했다.
- 망했다! 나 여권 가져오는 것 잊어버렸어.
- 망했다! 나 오늘 우산 안 가져왔어.
- 이번에 망쳤다! 그 사람이 길을 찾지 못하고 있어.

真要是那样可就糟了!

糟了! 我忘了带护照了。

糟了! 我今天没带雨伞。

这下糟了! 他找不到路了。

糟了는 구어에서 주로 사용하는 표현으로 '망했다!'라는 의미이다.

05 你看你，买这么多，最后都浪费了吧

• 너 좀 봐, 또 늦었어!	你看你，又迟到了！
• 너 좀 봐, 밥도 제대로 먹지 않고!	你看你，饭都不好好吃！
• 너 좀 봐, 어떻게 지갑을 잃어버리니!	你看你，怎么把钱包丢了呢！
• 너 좀 봐, 매일 뭐가 그렇게 바빠?	你看你，每天都在忙什么呢？

你看你는 구어에서 자주 사용하는 표현으로 '너 좀 봐', '네 모습 좀 봐', '네 꼴 좀 봐' 등의 의미를 나타낸다.

06 在网上一搜，也能很快地找到

• 내가 말하니까 그 사람이 바로 동의했어.	我一说，他就同意了。
• 그 사람이 고개 돌려 한번 보고는 깜짝 놀랐어.	他回头一看，吓了一跳。
• 내가 생각해 보니까 그 사람이 한 번 돌아가는 것도 좋아.	我一想，他回去一趟也好。
• 인터넷에서 검색해 보면 바로 찾을 수 있어.	在网上一搜，就能搜出来。

'一＋동사' 구조에서 一는 '일단 ～'의 의미로, 어떤 짧은 동작을 통해 어떤 결과나 결론을 얻었다는 것을 나타낸다.

단어 回头 huítóu 图 고개를 돌리다, 뒤돌아보다 | 吓 xià 图 놀라다 | 跳 tiào 图 껑충 뛰어오르다

연습해 봐요!

단어를 교체하며 문형을 익히는 연습입니다. 반복하여 읽어 보세요.

1 ♫ 1 2 3 4 5 🎧 MP3 04-11

没想到机场这么大。

没想到他那么喜欢旅游。

没想到这件衣服这么贵。

没想到北京的冬天这么冷。

이번 시험이 이렇게 쉬울 줄 생각도 못 했어.

중국어를 배우는 것이 이렇게 재미있을 줄 생각도 못 했어.

네 친구가 이렇게 중국에 가고 싶어 할 줄 생각도 못 했어.

그 사람이 이렇게 빨리 다 먹어 버릴 줄 생각도 못 했어.

2 ♫ 1 2 3 4 5 🎧 MP3 04-12

难怪你不想吃饭。

难怪你不想跟他们一起去。

他每天都坚持跑步，难怪身体这么好。

他在中国住过三年，难怪汉语说得这么好。

어쩐지 모두 그 사람을 좋아하지 않더라니.

어쩐지 오늘 네가 나가고 싶어 하지 않더라니.

그 사람의 엄마는 미국인이구나, 어쩐지 영어를 그렇게 잘하더라니.

그 사람이 어렸을 때부터 한자를 배운 적이 있구나, 어쩐지 한자를 이렇게 잘 쓰더라니.

3

〔1〕〔2〕〔3〕〔4〕〔5〕 🎧 MP3 **04-13**

我现在懒得出去。

我懒得再听下去。

我现在懒得动，还是你去吧。

你懒得做饭的话，吃饺子也可以。

나 지금 밥하기 귀찮아.

나 지금 그 일 생각하기 귀찮아.

나는 그 사람한테 설명하기 귀찮아.

너 나가기 귀찮으면, 집에서 먹어도 돼.

三단어 解释 jiěshì 통 설명하다, 변명하다

4

〔1〕〔2〕〔3〕〔4〕〔5〕 🎧 MP3 **04-14**

哥哥一看，又是他。

我一说，他就同意了。

老师一说，她就明白了。

我一想，他回去一趟也好。

네가 나가면 바로 볼 수 있어.

내가 보니까, 그 사람 이미 떠났어.

휴대전화로 검색해 보면 바로 검색해 낼 수
있어.

내가 생각해 보니까, 그녀가 이렇게 말하는
것도 일리가 있어.

三단어 道理 dàolǐ 명 일리, 이치

본문을 응용한 회화 연습입니다. 뜻을 생각하며 읽어 보세요.

🎧 MP3 04-15

1

A 这件衣服是我在网上买的。
　 Zhè jiàn yīfu shì wǒ zài wǎngshàng mǎi de.

B 是吗? 看起来还不错呢。
　 Shì ma? Kàn qǐlai hái búcuò ne.

2

A 吃完饭一起去逛街，怎么样?
　 Chīwán fàn yìqǐ qù guàngjiē, zěnmeyàng?

B 外面下雨，就在家网购吧。
　 Wàimiàn xiàyǔ, jiù zài jiā wǎnggòu ba.

3

A 你看你，怎么又没吃早饭啊?
　 Nǐ kàn nǐ, zěnme yòu méi chī zǎofàn a?

B 实在没时间吃。
　 Shízài méi shíjiān chī.

● 又 yòu는 동일한 일을 이미 한 경우에 쓰는 부사입니다.

4

A 这种茶在哪儿能买到啊?
　 Zhè zhǒng chá zài nǎr néng mǎidào a?

B 你在网上搜一搜。
　 Nǐ zài wǎngshàng sōu yi sōu.

더 높이 날아 봐요! 更上一层楼!

쇼핑과 관련한 성어 표현입니다. 알맞은 상황에서 잘 활용해 보세요. 🎧MP3 04-16

一分钱，一分货。
Yì fēn qián, yì fēn huò.
싼 게 비지떡이다.
(1전이면 1전의 물건을 산다.)

好货不便宜，便宜没好货。
Hǎo huò bù piányi, piányi méi hǎo huò.
물건은 돈값을 한다.
(좋은 물건은 저렴하지 않고,
저렴하면 좋은 물건이 없다.)

货比三家不上当，精挑细选不吃亏。
Huòbǐ-sānjiā bú shàngdàng,
jīng tiāo xì xuǎn bù chīkuī.
물건은 여러 곳을 비교하면 속지 않고,
꼼꼼하게 고르면 손해 보지 않는다.

物以稀为贵。
Wù yǐ xī wéi guì.
물건은 적을수록 비싸다.

王婆卖瓜，自卖自夸。
Wáng pó mài guā, zìmài-zìkuā.
왕 씨 할머니가 오이를 팔면서
자기가 파는 것이 최고라고 자랑한다.

只选对的，不买贵的。
Zhǐ xuǎn duì de, bù mǎi guì de.
제대로 고르고 비싼 것을 사지 않는다.

자주 활용할 수 있는 문장입니다. 100문장 암기를 목표로 외워 보세요.   MP3 04-17

31 没想到你这么喜欢网购啊！

32 这个是"买一送一"。

33 难怪你懒得去逛街。

34 你先坐下。

35 我给你泡杯茶！

36 糟了！这两盒绿茶都过期了。

37 你看你，买这么多，最后都浪费了吧。

38 越来越多的年轻人喜欢上了在家中网购。

39 在网上一搜，就能很快地找到。

40 你得学会"货比三家"。

벌써 40문장이 술술!

31	32	33	34	35	36	37	38	39	40
✓									

网购 인터넷 쇼핑

价　　格　¥139.00 ~~[¥299]~~ 降价通知

优 惠 券　满300享8.8折 | 满400减20 | 满700减30

促　　销　限购 购买不超过50件时享受单件价¥139，超出数量以结算价为准

配 送 至　北京

选择颜色　糖果粉 | 超级红 | 纯白色 | 奶白色

选择尺码　90 | 100 | 110 | 120

1 + - 加入购物车 立即购买

商品介绍

品牌：汉语之神

商品名称：汉语之神女衣
商品编号：GC8888-88
店铺：汉语之神汉江店
适用性别：女
适用年龄：成人
上市时间：2088年春季
是否戴帽子：无帽子

해석

가　　격　¥139.00 ~~[¥299]~~ 할인 혜택

할인쿠폰　300위안 이상 12% 할인 | 400위안 이상 20위안 할인 | 700위안 이상 30위안 할인

판　　촉　구입 제한 50벌 이하 한 벌 139위안, 50벌 초과 분량은 최종 가를 기준으로 책정

배 송 지　베이징

색　　상　캔디핑크 | 핫레드 | 화이트 | 베이지

사 이 즈　90 | 100 | 110 | 120

1 + - 장바구니 넣기 바로 구매

상품소개

브랜드 : 중국어의 신

상품명칭 : 중국어의 신 여성 의류
상품번호 : GC8888-88
지점 : 중국어의 신 한강점
성별 : 여성
연령 : 성인
제조연월 : 2088년 봄
모자 : 없음

05

健康

MP3 05-01

○ 학습 목표　건강과 관련된 다양한 표현과 내용을 이해하고 활용할 수 있다.

○ 학습 내용　**1.** 건강 관련 표현　**2.** 好好儿的

医院
병원

病人
환자

问诊
진찰하다

开药
처방하다

생각해 봐요!

想一想!

다음 상황을 중국어로 생각해 보세요.

최지민

한쉐, 나 배 아프고, 속이 메스꺼워.

한쉐

방금까지 멀쩡하더니, 왜 갑자기……, 너 수업 빠지고 싶은 거 아냐?

최지민

무슨, 정말 아파.

한쉐

너한테 농담한 거야! 서둘러, 내가 너 데리고 같이 병원 가 줄게.

(병원에 다녀와서)

박명호

지민아, 너 병원 갔었다며? 어떻게 됐어?

최지민

의사가 장염이라면서, 나더러 차가운 것과 매운 것 줄이래.

가오펑

물 많이 마시고, 며칠 푹 쉬어.

최지민

응! 아마도 요즘 너무 피곤했던 것 같아.

한쉐

지민아, 난 네가 요 며칠 동안은 커피도 마시지 말아야 한다고 생각해.

최지민

맞아, 앞으로 담백한 음식 많이 먹고, 진한 커피도 줄여야 할 것 같아.

몸이 아프거나 혹은 병원 갈 때 등 건강에 관련된 이야기입니다. 아플 때 본인의 상태를 중국어로 설명할 수 있도록 관련 단어와 문형을 공부해 보세요.

본문 ① 대화하기

건강을 주제로 한 대화입니다. 뜻을 생각하며 읽어 보세요.　　　　　MP3 05-02

崔智敏　　小雪，我肚子疼，还觉得恶心。

韩雪　　　刚才还好好儿的❶，怎么突然……，你是不是想逃课啊？

崔智敏　　哪儿啊❷，真的很不舒服呢。

韩雪　　　跟你开玩笑❸呢！快，我陪你一起去医院看看。

　　　　　（从医院回来）

朴明浩　　小敏，听说你去医院了？怎么了？

崔智敏　　医生说是肠炎，让我少吃凉的和辣的。

高朋　　　多喝点儿水，好好儿休息几天吧。

朴明浩　　是啊！可能是最近太累了。

韩雪　　　小敏啊，我觉得你这两天咖啡也别喝了。

崔智敏　　没错，看来❹以后要多吃清淡菜，少喝浓咖啡。

본문 ② 읽어 보기

이 과의 주제와 관련된 내용의 평서문입니다. 뜻을 생각하며 읽어 보세요.　MP3 05-03

　　马上^❺就要考试了，最近我每天都^❻学习到很晚。从昨天开始，我突然觉得没力气，而且一点儿胃口也没有。今天我去看了大夫，大夫说是心理压力过大，身体疲劳引起的。他还说不用吃药，在家好好儿休息几天就行。

🔑 문법 Tip!

❶ 好好儿的는 형용사 好를 중첩하여 的를 더한 구조로 '괜찮다', '별일 없다' 등의 의미이다.

❷ 哪儿啊는 단독으로 대답하는 말로 사용되어 공손한 부정의 의미를 나타내며, '무슨 말씀을요'의 뜻이다.

❸ 开玩笑는 동사 开와 명사 玩笑가 결합된 이합사로 '농담하다'라는 의미이다.

❹ 看来는 삽입어로 객관적인 상황을 근거로 추측함을 나타내며 '보아하니', '~같다' 등의 의미이다.

❺ 马上은 앞으로 어떤 일이 발생하는 것을 나타내며, 뒤에 종종 就 혹은 就要를 동반한다.

❻ 每는 전체 중의 어떤 개체가 전체를 대표하는 것을 나타내며 뒤에 부사 都를 동반하기도 한다.

👄 발음 Tip!

❶ 一点儿胃口也没有에서 口也는 3성이 연속 출현하였으므로 이때 口를 2성으로 발음한다.

❷ 大夫를 dàifu로 발음하면 '의사'이고, dàfū로 발음하면 고대 관직명인 '대부'이다.

읽어 봐요!

读一读!

본문에 나온 새 단어입니다. 글자, 한어병음, 뜻을 모두 익히세요.　MP3 05-04

□ **肚子** dùzi 몡 배

□ **恶心** ěxin 혱 메스껍다 통 혐오감을 일으키다

□ **刚才** gāngcái 몡 지금 막, 방금

□ **突然** tūrán 븯 갑자기

□ **逃课** táokè 통 수업에 빠지다, 무단결석하다

□ **开玩笑** kāi wánxiào 통 농담하다, 장난치다

□ **医生** yīshēng 몡 의사

□ **肠炎** chángyán 몡 장염

□ **凉** liáng 혱 시원하다, 차갑다

□ **水** shuǐ 몡 물

□ **休息** xiūxi 통 휴식하다

□ **可能** kěnéng 븯 아마도 ~일지도 모른다 혱 가능하다

□ **累** lèi 혱 지치다, 피곤하다

□ **清淡** qīngdàn 혱 담백하다

□ **浓** nóng 혱 진하다

□ **力气** lìqi 몡 힘, 기운

□ **胃口** wèikǒu 몡 식욕, 구미

□ **大夫** dàifu 몡 의사

□ **心理** xīnlǐ 몡 심리

□ **压力** yālì 몡 스트레스, 압력

□ **过** guò 븯 지나치게, 과하게

□ **身体** shēntǐ 몡 신체, 건강

□ **疲劳** píláo 몡 피로 통 피로하다

□ **引起** yǐnqǐ 통 일으키다, 야기하다

배워 봐요!

学一学!

초중급 단계에서 꼭 필요한 주요 문법입니다. 반복하여 학습하세요.

01 刚才还好好儿的，怎么突然……

 MP3 05-05

• 너 봐, 나 멀쩡하잖아?

你看，我这不是好好儿的吗？

• 우리 지금 모두 잘 지내, 걱정할 필요 없어.

我们现在都好好儿的，不用担心。

• 무슨 일이야? 방금까지도 멀쩡했잖아.

怎么了？刚才不是还好好儿的吗？

• 걱정 마, 그 사람들 아무 일 없어. 모두 잘 있어.

放心吧，他们都没事了，都好好儿的。

好好儿的는 형용사 好를 중첩하여 的를 더한 구조로 '괜찮다', '멀쩡하다', '좋다', '별일 없다' 등의 의미를 나타낸다.

02 哪儿啊，真的很不舒服呢

MP3 05-06

• Ⓐ 죄송해요, 폐를 끼쳤네요.

不好意思，麻烦您了。

Ⓑ 무슨 말씀을요. 당연한 거죠.

哪儿啊，这是应该的。

• Ⓐ 이 음식 드시기 부족하시죠?

这些菜不够吃吧？

Ⓑ 무슨 말씀을요. 저 혼자 그렇게 많이 먹을 수 없어요.

哪儿啊，就我一个人，吃不了那么多。

• Ⓐ 이것은 외국 영화죠?

这是外国片？

Ⓑ 무슨 말씀을요. 국내 영화예요.

哪儿啊，是国产片。

• Ⓐ 우리 7시에 만나기로 얘기된 것 아닌가요?

咱们不是说好了七点见面吗？

Ⓑ 무슨 말씀을요, 제가 말씀드린 건 8시였어요.

哪儿啊，我说的是八点。

哪儿啊는 단독으로 대답하는 말로 사용되어 공손한 부정의 의미를 나타내며, '무슨 말씀을요'의 뜻이다.

단어 应该 yīnggāi 조동 마땅히 ~해야 한다 | 片 piàn 몡 영화 또는 텔레비전 극 | 国产 guóchǎn 혱 국산의

03 跟你开玩笑呢！

MP3 05-07

- 나한테 농담 좀 하지 마요!
- 누가 너와 농담해!
- 저한테 농담하지 마세요!
- 그 사람은 너한테 농담하는 거야.

少跟我开玩笑！

谁跟你开玩笑！

请别跟我开玩笑。

他是跟你开玩笑的。

开玩笑는 동사 开와 명사 玩笑가 결합된 이합사로 '농담하다'라는 의미이다.

04 看来以后要多吃清淡菜

MP3 05-08

- 너희들 모두 가고 싶어 하지 않는 것처럼 보여.
- 이 일은 보기에 그녀가 반대할 것 같지 않아.
- 보기에 그 사람은 정말 이 선물을 좋아하지 않는 것 같아.
- 아무래도 앞으로 새 단어를 더 많이 외워야 할 것 같아.

看来你们都不想去。

这件事看来她不会反对。

看来他是真的不喜欢这件礼物。

看来以后还是要多背点儿生词。

看来는 삽입어로 객관적인 상황을 근거로 추측함을 나타내며, '보아하니', '~같아 보인다' 등의
의미이다.

단어 反对 fǎnduì 통 반대하다

05 马上就要考试了

🎧 MP3 05-09

- 곧 개학이야.
- 곧 비가 올 거야.
- 내 남동생은 곧 입학이야.
- 너 알아? 나 곧 20살이야!

馬上就要开学了。

马上就要下雨了。

我弟弟马上就要上学了。

你知道吗，我马上就要二十岁了!

马上은 앞으로 어떤 일이 발생하거나 곧바로 어떤 일이 발생하는 것을 나타내며, 종종 뒤에 就나就要를 동반한다.

三단어 上学 shàngxué 图 (초등학교에) 입학하다, 등교하다

06 最近我每天都学习到很晚

🎧 MP3 05-10

- 나는 해마다 중국 가.
- 사람마다 자신만의 취미가 있어.
- 탁자마다 책이 한 권씩 있어.
- 그 사람은 매주 일요일마다 도서관에 가.

我每年都去中国。

每个人都有自己的爱好。

每个桌子上都有一本书。

他每个星期天都去图书馆。

每는 전체 중의 어떤 개체가 전체를 대표하는 것을 나타내며 개체의 공통점을 강조한다. '每+수량' 구조일 경우 수사가 'ー'이면 생략하기도 하며 每 뒤에 종종 부사 都를 동반한다.

三단어 爱好 àihào 图 취미

연습해 봐요!

단어를 교체하며 문형을 익히는 연습입니다. 반복하여 읽어 보세요.

1 | ① ② ③ ④ ⑤ 🎧 MP3 05-11

请别跟我开玩笑。

他是跟你开玩笑的。

你是跟我们开玩笑的吧?

跟你开个玩笑，你别生气。

나 너한테 농담 안 했어.

너 그 사람에게 이런 농담하지 마.

그 사람은 항상 나한테 이런 농담을 해.

나한테 이런 농담하는 것은 너 너무 심하지 않아?

2 | ① ② ③ ④ ⑤ 🎧 MP3 05-12

看来你们都不想去。

看来他今天不会来了。

看来你们都想在家休息。

看来以后还是要多背点儿生词。

그 사람이 이 선물 정말 좋아하는 것 같아.

너는 여행에 별로 흥미가 없는 것처럼 보여.

아무래도 지하철 타는 것이 좀 더 빠를 것 같아 보여.

보니까 그 사람 말이 틀리지 않은 것 같아.

단어 总是 zǒngshì 🖳 늘, 항상 | 过分 guòfèn 🖳 (말이나 행동이) 지나치다, 분에 넘치다

80 건강

3 1 2 3 4 5 🎧 MP3 05-13

马上就要开学了。

我马上就要二十岁了！

我们马上就要出发了。

我马上就要到地铁站了。

곧 음력설을 쇠려고 해.

우리는 곧 방학해.

그 사람들은 곧 한국에 와.

아이들은 곧 시험을 칠 거야.

4 1 2 3 4 5 🎧 MP3 05-14

每个同学都必须发言。

每个人都有自己的爱好。

每个桌子上都有两本书。

他每个星期天都去图书馆。

주말마다 해야 할 숙제가 많아.

그 사람은 주말마다 친구 만나러 가.

그 사람은 휴가 때마다 중국 가.

학생들마다 중국어 책 한 권씩 가지고 있어.

≡단어 必须 bìxū 閉 반드시 ~해야 한다 | 发言 fāyán 图 발표하다 |
假期 jiàqī 图 휴가 때, 휴가 기간

본문을 응용한 회화 연습입니다. 뜻을 생각하며 읽어 보세요.

MP3 05-15

1

A 你现在哪儿不舒服啊?
Nǐ xiànzài nǎr bù shūfu a?

B 肚子有点儿疼。
Dùzi yǒudiǎnr téng.

你现在哪儿不舒服啊? 는 '어디가 아프세요?'이므로 의사가 말했을 가능성이 높고, 만약 你哪儿不舒服吗?라고 했다면 '너 어디 아픈 거야?'이므로 지인이 말했을 가능성이 높습니다.

2

A 你还是去看看医生吧。
Nǐ háishi qù kànkan yīshēng ba.

B 没关系,在家休息两天就行。
Méi guānxi, zài jiā xiūxi liǎng tiān jiù xíng.

이때 两天은 '이틀'의 의미라기 보다는 '며칠'의 의미로 볼 수 있습니다.

3

A 医生说什么了?
Yīshēng shuō shénme le?

B 医生让我多吃水果,少吃辣的和凉的。
Yīshēng ràng wǒ duō chī shuǐguǒ, shǎo chī là de hé liáng de.

4

A 我最近一点儿胃口也没有。
Wǒ zuìjìn yìdiǎnr wèikǒu yě méiyǒu.

B 马上就要考试了,心理压力太大了吧?
Mǎshàng jiù yào kǎoshì le, xīnlǐ yālì tài dà le ba?

心理 xīnlǐ는 '심리'이고, 心里는 '마음 속'이라는 의미입니다.

건강과 관련한 성어 표현입니다. 알맞은 상황에서 잘 활용해 보세요.

 MP3 05-16

先睡心，后睡眼。
Xiān shuì xīn, hòu shuì yǎn.
마음을 편안히 한 후에 잠에 든다.
(먼저 마음을 재우고, 그다음에 눈을 재운다.)

人怕不动，脑怕不用。
Rén pà bú dòng, nǎo pà bú yòng.
사람은 몸을 움직이고, 머리를 써야 한다.
(사람은 움직이지 않는 것을 두려워하고,
머리는 쓰지 않는 것을 두려워한다.)

笑口常开，青春常在。
Xiào kǒu cháng kāi, qīngchūn cháng zài.
웃으면 젊음을 유지한다.
(웃는 입이 항상 열려 있으면 청춘이 항상 함께 한다.)

预防肠胃病，饮食要干净。
Yùfáng chángwèi bìng, yǐnshí yào gānjìng.
음식 위생에 항상 주의해야 한다.
(위장병을 예방하려면 음식이 깨끗해야 한다.)

不干不净，吃了生病。
Bù gān bú jìng, chīle shēngbìng.
음식 위생에 주의해야 한다.
(깨끗하게 하지 않으면 병이 생긴다.)

春不忙减衣，秋不忙加帽。
Chūn bù máng jiǎn yī, qiū bù máng jiā mào.
봄에는 따뜻하게, 가을에는 시원하게 입는다.
(봄에는 서둘러서 옷을 얇게 입지 않고,
가을에는 서둘러서 모자를 쓰지 않는다.)

자주 활용할 수 있는 문장입니다. 100문장 암기를 목표로 외워 보세요. MP3 05-17

41 我肚子疼，还觉得恶心。

_____

42 你刚才还好好儿的。

_____

43 你是不是想逃课啊？

_____

44 哪儿啊，真的很不舒服呢。

_____

45 跟你开玩笑呢!

_____

46 我陪你一起去医院看看。

_____

47 医生让我少吃凉的和辣的。

_____

48 多喝点儿水，好好儿休息几天吧。

_____

49 看来以后要多吃清淡菜，少喝浓咖啡。

_____

50 马上就要考试了。

_____

벌써 50문장이 술술!

| 41 | 42 | 43 | 44 | 45 | 46 | 47 | 48 | 49 | 50 |
| ✓ | | | | | | | | | |

즐겨 봐요!

看病 혼자서 병원 가기

第一步骤

首先要准备足够的资金,还要带上自己的身份证(护照、居留证等)。

먼저 충분한 돈을 준비하고, 자신의 신분증(여권, 거류증 등)을 챙긴다.

第二步骤

一个人独自去医院, 不要慌张, 要时刻冷静。如果不知道该去哪里就问医院里的保安或者护士。

혼자서 병원을 가도 당황하지 말고 항상 침착해야 한다. 만약 어디로 가야할지 모르면 병원에 있는 안내원이나 간호사에게 물어봐야 한다.

第三步骤

看病首先要挂号, 需要排队并交相应的手续费。

진료를 받으려면 먼저 접수를 해야 하고, 줄을 서서 상응하는 수속비를 지불해야 한다.

第四步骤

挂号后排队等候问诊。

접수 후에 줄을 서서 진료를 기다린다.

第五步骤

把自己的病情详细地说给医生听, 医生问什么, 就答什么。

자신의 아픈 상태를 의사에게 상세하게 설명하고, 의사가 묻는 말에 정확하게 대답한다.

第六步骤

如果要做检查或者是留院都是需要去交费处交费的。

만약 검사를 하거나 병원에 입원을 하면 수납처에 비용을 지불하러 간다.

第七步骤

医生开了处方单, 自己去取药处取药。

의사가 처방전을 발급하면 직접 약제처에 가서 약을 받는다.

01~05

复习1

○ 핵심문형 ○ 说一说 ○ 听一听
○ 读一读 ○ 写一写

01

A：你觉得中国菜合你的口味吗？

B：我可喜欢吃中国菜了。在韩国时我也常常去中餐馆。

A：你能吃辣的吗？

B：当然能啊。又麻又辣的川菜最近在韩国也很受欢迎呢！

02

A：昨天我在学校附近看中了一套房子。

B：怎么了？你不想住学校宿舍了？

A：是啊，我的同屋太喜欢听音乐了，我实在受不了。

B：一个人住的话，会更方便一些吧。

03

A：谢谢你们来陪我过生日！

B：这是我们给你买的生日蛋糕，喜欢吗？

A：哇！这可是我最喜欢的奶酪蛋糕！

B：蜡烛点好了，大家一起唱生日歌吧，小敏，你快许个愿！

04

A：这么多纸箱子都是些什么呀？

B：呵呵，都是我在网上买的东西。

A：没想到你这么喜欢网购啊！

B：你看，这个是"买一送一"，这个是三折！

05

A：我肚子疼，还觉得恶心。

B：刚才还好好儿的，怎么突然……，你是不是想逃课啊？

A：哪儿啊，真的很不舒服呢。

B：跟你开玩笑呢！快，我陪你一起去医院看看。

说一说

다음 그림을 보고 상황에 어울리게 대화를 만들어 보세요.

1.

A : _____

B : _____

A : _____

B : _____

2.

A : _____

B : _____

A : _____

B : _____

3.

A : _____

B : _____

A : _____

B : _____

4.

A : _____

B : _____

A : _____

B : _____

5.

A : _____

B : _____

A : _____

B : _____

녹음을 듣고 (1)의 질문에 맞으면 O, 틀리면 X를, (2)의 질문에 알맞은 답을 고르고, (3)의 질문에 중국어로 답하세요.

 MP3 f01-02

1. (1) 判断对错：下课后他们在饭馆儿门口见。 (　　)

   (2) 下课后他们打算一起吃什么？ (　　)

   　　A 火锅　B 麻辣烫　C 韩国菜　D 日本菜

   (3) 问：女的为什么不想吃麻辣烫？

   　　答：_____

2. (1) 判断对错： 这套房子女的打算租一年。 (　　)

   (2) 关于女的租的这套房子，不正确的是： (　　)

   　　A 租金比学校宿舍便宜　　　B 房东给她打了折
   　　C 比男的租的房子好　　　　D 离学校很近

   (3) 问：女的觉得租的这套房子怎么样？

   　　答：_____

   단어 关于 guānyú 젭 ～에 관하여 | 正确 zhèngquè 형 정확하다, 옳다

3. (1) 判断对错： 男的给女的买了一盒巧克力。 (　　)

   (2) 女的过生日时没做的是： (　　)

   　　A 点蜡烛　B 许愿　C 打开生日礼物　D 唱生日歌

   (3) 问：男的给女的准备了什么生日礼物？

   　　答：_____

4. (1) 判断对错: 女的觉得逛街没意思。　　　　　(　　)

(2) 女的最近为什么在网上买东西:　　　　　(　　)

    A 网上的东西物美价廉　　　B 没时间出去逛街
    C 在网上好好儿搜　　　　　D 她不想逛街

(3) 问: 男的觉得网购好还是去商店买东西好?

    答: _____

5. (1) 判断对错: 男的今天喝咖啡喝得太多了。　　(　　)

(2) 男的今天为什么不能早点儿睡:　　　　　(　　)

    A 头疼　B 要考试了　C 喝咖啡喝得太多了　D 没休息好

(3) 问: 女的让男的做什么?

    答: _____

다음 글을 읽고 해석해 보세요.

1.　　　刚来中国的时候，我一直住在学校宿舍。可是我的同屋特别喜欢听音乐，有时候会影响到我的休息。所以这个学期我在学校附近租了一套一室一厅的房子。这套房子不但离学校很近，小区里还有图书馆，附近还有很多好吃的饭馆儿。因为刚刚搬过来，所以需要买一些家具和生活用品。最近忙得连逛街的时间都没有，很多东西只好在网上购买。很多在商店里买不到的东西，都能在网上买到。等我整理好房间后，我打算请朋友来我家做客。

2.　　　昨天是我的生日。早上，爸爸、妈妈和姐姐都给我打电话祝我生日快乐。虽然没能跟家人一起过生日，但是我的朋友陪我度过了一个难忘的生日。他们不但买来了我最喜欢的奶酪蛋糕，还给我准备了一件特别的生日礼物。然后我们一起去吃了麻辣烫，看了电影，唱了卡拉OK，玩儿得特别开心。可是今天早上起床后，我突然觉得恶心，浑身没力气。下课后，我的同班同学陪我去了趟学校医院。医生说是肠炎，让我少吃凉的和辣的。正好明天是周末，所以我打算在家好好儿休息两天。

단어 影响 yīngxiǎng 图 영향 图 영향을 주다 | 生活用品 shēnghuó yòngpǐn 图 생활용품 | 连 lián 전 ~조차도 | 购买 gòumǎi 图 구매하다 | 整理 zhěnglǐ 图 정리하다 | 家人 jiārén 图 한 집안 식구, 가족 | 卡拉OK kǎlā OK 图 노래방 | 开心 kāixīn 图 즐겁다 | 浑身 húnshēn 图 온몸, 정신

写一写

다음 문장을 중국어와 한어병음으로 쓰세요.

1. 너는 중국 음식이 네 입맛에 맞니?

   C _____ **P** _____

2. 요즘 한국에서도 인기가 많아!

   C _____ **P** _____

3. 나 중국 음식 정말 좋아해.

   C _____ **P** _____

4. 오늘 수업 마치고 바로 가는 것 어때?

   C _____ **P** _____

5. 나는 학교 부근에 마음에 드는 집 하나를 봐뒀어.

   C _____ **P** _____

6. 나 정말 참을 수가 없어.

   C _____ **P** _____

7. 기숙사와 비교하면, 집세도 많이 비싸.

   C _____ **P** _____

8. 너 앞으로 외식 줄여야겠다.

   C _____ **P** _____

9. 너희들이 내 생일을 나와 함께 보내 줘서 고마워!

   C _____ **P** _____

10. 초에 불 다 붙였어.

    C _____ **P** _____

11. 정말 예쁜 컵이네.

    Ⓒ .... Ⓟ ....

12. 친구들은 나와 함께 잊을 수 없는 생일을 보냈다.

    Ⓒ .... Ⓟ ....

13. 네가 이렇게 인터넷 쇼핑을 좋아할 줄은 생각지도 못했어.

    Ⓒ .... Ⓟ ....

14. 어쩐지 네가 돌아다니는 것을 귀찮아한다 했어.

    Ⓒ .... Ⓟ ....

15. 갈수록 많은 젊은이들이 집에서 인터넷 쇼핑하는 것을 좋아한다.

    Ⓒ .... Ⓟ ....

16. 인터넷에서 검색해 보면 바로 찾을 수 있어.

    Ⓒ .... Ⓟ ....

17. 나 배 아프고, 좀 메스꺼운 것 같아.

    Ⓒ .... Ⓟ ....

18. 너 방금까지 멀쩡하더니.

    Ⓒ .... Ⓟ ....

19. 너한테 농담한 거야!

    Ⓒ .... Ⓟ ....

20. 의사가 나한테 차가운 것과 매운 것 적게 먹으래.

    Ⓒ .... Ⓟ ....

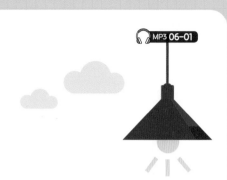
06

学习

兴趣小组
동아리

选课时间表
교과목 시간표

시간표

笔记
필기하다

考试
시험

생각해 봐요!

想一想!

다음 상황을 중국어로 생각해 보세요.

한쉐

가오펑, 이번 중간고사 본 것 어땠어?

가오펑

요즘 계속 일자리 찾느라 바빠서 결국 망쳤어! 아이!

최지민

기말고사에 한 번 더 기회가 있잖아.

한쉐

그러게. 사실 이번 시험은 나도 잘 못 쳐서, 겨우 85점이야.

최지민

85점도 별로 안 높은 거야? 너희 반 평균 점수가 얼마야?

한쉐

평균 점수는 모르지만, 모두 밤새우면서 공부했다고 들었어.

박명호

내가 너희들 보니까 모두 '벼락치기'를 해서 시험을 잘 못 친 거야.

가오펑

그래, 좋은 성적을 내려면 평소에 많이 노력해야만 해.

최지민

맞아, 평소에 수업 잘 듣고, 노트 정리 잘 하고, 집에 가서 복습 열심히 해야 해.

박명호

지민이는 시험 칠 때마다 그렇게 잘 치는데, 아무래도 공부 방법이 좋은 것 같아!

최지민

무슨 말씀을, 나 아직 한참 멀었어!

우리는 살아가면서 학교, 직장, 사회 등에서 다양한 시험을 치게 되는데 그 결과에 따라 기분이 달라지게 됩니다. 이번 과는 시험을 못 쳤더라도 다음에 더 잘 치면 되니까 너무 걱정하지 않아도 된다는 내용으로, 이러한 상황을 상상하면서 다양한 표현을 익혀 보세요.

본문 ① 대화하기

시험을 주제로 한 대화입니다. 뜻을 생각하며 읽어 보세요.

🎧 MP3 06-02

韩雪	高朋，这次期中考试考得怎么样啊？
高朋	最近一直忙着❶找工作，结果考砸❷了！哎！
崔智敏	期末考试还有一次机会呢。
韩雪	说的也是❸。其实这次考试我也没考好，才考了八十五分。
崔智敏	八十五分还不够❹高吗？你们班的平均分是多少啊？
韩雪	平均分不知道，不过听说大家都开夜车学习呢。
朴明浩	我看你们啊，都是"临时抱佛脚"，所以才没考好。
高朋	是啊，要想考出❺好成绩，平时得多努力才行！
崔智敏	对，平时听好课，做好笔记，回家好好儿复习。
朴明浩	小敏每次考试都考得那么好，看来还是学习方法好啊！
崔智敏	哪里哪里，我还差得远呢！

본문 ② 읽어 보기

이 과의 주제와 관련된 내용의 평서문입니다. 뜻을 생각하며 읽어 보세요.

MP3 06-03

　　上大学后，我们有了❻更多的时间和自由，去学自己想学的东西。大学里有很多必修课和选修课，如果有感兴趣的课，还可以去旁听。学校里还有很多兴趣小组，有时间的话也可以去参加。到了三、四年级的时候，可能会更忙。因为有的同学开始忙着准备找工作，有的同学开始忙着准备考研。那时候，你会在忙什么呢？

🔑 문법 Tip!

❶ 忙着는 동사 忙에 조사 着가 더해져 '서둘러, 바삐', '바쁘게 지내다'의 의미로 쓰인다.

❷ '동사+砸'에서 砸는 결과보어로, 어떤 결과가 좋지 않음을 나타내고, 주로 了와 함께 출현한다.

❸ 说的也是는 '그것도 그래'라는 의미로 상대방이 하는 말에 긍정을 나타내며, 회화에서 자주 사용된다.

❹ 够는 '충분하다'의 의미이며, 不够는 부정형으로 '충분하지 않다'는 것을 나타낸다.

❺ '동사+出'에서 出는 결과보어로, 사람이나 사물이 동작을 따라 안에서 바깥으로 나오거나, 숨겨져 있다가 드러나고, 없다가 생기는 등의 의미를 나타낸다.

❻ '有了+명사' 구조에서 有了는 '~(이) 생기다'의 의미이다.

👄 발음 Tip!

❶ 동사 뒤의 得는 조사이므로 de로 발음한다.

考得怎么样 kǎode zěnmeyàng?　　　考得那么好 kǎode nàme hǎo　　　差得远呢 chàde yuǎn ne

❷ 동사 앞의 得는 조동사이므로 děi로 발음한다.

平时得多努力才行 píngshí děi duō nǔlì cái xíng

본문에 나온 새 단어입니다. 글자, 한어병음, 뜻을 모두 익히세요. MP3 06-04

□ **忙** máng 휑 바쁘다

□ **结果** jiéguǒ 뷔 결국, 마침내 명 결과

□ **砸** zá 동 망치다, 실패하다

□ **期末** qīmò 명 기말, 학기말

□ **机会** jīhuì 명 기회

□ **分** fēn 명 점, 점수

□ **够** gòu 뷔 충분히 동 (일정한 정도, 수준에) 이르다

□ **班** bān 명 반, 학급

□ **平均** píngjūn 명 평균

□ **开夜车** kāi yèchē 밤새워 공부하다 (일하다)

□ **临时抱佛脚** líshí bào fójiǎo 속 급하면 부처의 다리를 안는다, 벼락치기 하다

□ **成绩** chéngjì 명 성적

□ **平时** píngshí 명 평소

□ **才** cái 뷔 ~만이

□ **笔记** bǐjì 명 필기 동 필기하다

□ **方法** fāngfǎ 명 방법

□ **哪里哪里** nǎlǐ nǎlǐ 천만에요, 별말씀을요

□ **差** chà 휑 못하다, 표준에 못 미치다

□ **自由** zìyóu 명 자유

□ **必修课** bìxiūkè 명 필수 과목

□ **选修课** xuǎnxiūkè 명 선택 과목

□ **感** gǎn 동 느끼다

□ **兴趣** xìngqù 명 흥미

□ **旁听** pángtīng 동 청강하다, 방청하다

□ **小组** xiǎozǔ 명 팀

□ **参加** cānjiā 동 참가하다 명 참가

□ **年级** niánjí 명 학년

□ **考研** kǎoyán 동 대학원에 응시하다

초중급 단계에서 꼭 필요한 주요 문법입니다. 반복하여 학습하세요.

01 最近一直忙着找工作，结果考砸了！

- 엄마는 지금 저녁밥 하시느라 바빠.
- 그 사람 지금 생일 선물 준비하느라 바빠.
- 나는 요즘 중간고사 준비하느라 바빠.
- 너 먼저 할 것 하고 있으면, 내가 좀 있다가 너를 찾아올게.

妈妈正忙着做晚饭呢。

他正忙着准备生日礼物呢。

我最近忙着准备期中考试呢。

你先忙着，我等会儿再来找你。

忙着는 동사 忙에 조사 着가 더해져 '서둘러, 바삐', '바쁘게 지내다'의 의미로 쓰인다.

02 最近一直忙着找工作，结果考砸了！

- 내가 이 일을 망쳐 버렸어.
- 이 일은 네가 망쳐 버렸어.
- 만일 공연을 망치더라도 상관없어.
- 이번 시험, 만약 망치면 어떡하지?

我把这件事办砸了。

这件事情被你弄砸了。

万一演砸了也没关系。

这次考试，要是考砸了怎么办啊？

'동사＋砸' 구조에서 砸는 결과보어로, 어떤 결과가 좋지 않음을 나타내고, 주로 了와 함께 출현한다.

단어 弄 nòng 통 하다, 만들다[원래 써야 할 동사의 구체적 설명이 불필요할 경우 등에 그 동사를 대신하여 쓰임] | 万一 wànyī 접 만일 ~하다면 명 만일 | 演 yǎn 통 공연하다

03 说的也是

 MP3 06-07

- Ⓐ 내가 널 보니까, 오늘은 집에서 쉬는 게 좋겠어.

  Ⓑ 그 말이 맞는 것 같아.

- Ⓐ 힘들어하지 마, 다음 시험 잘 치면 돼.

  Ⓑ 그것도 그래.

我看你啊，今天还是在家休息吧。

说的也是。

别难过了，下次考好就行。

说的也是。

说的也是는 상대방이 하는 말에 긍정을 나타내는 표현으로 '그 말이 맞는 것 같아', '그것도 그래'의 의미이며 회화에서 자주 사용한다.

04 八十五分还不够高吗?

MP3 06-08

- 여기 커피 별로 달지 않아.

- 이 돈 내가 쓰기에 부족해.

- 너희들 목소리 여전히 별로 안 커.

- 이미 40% 세일했는데, 설마 아직도 저렴하지 않은 거예요?

这里的咖啡不够甜。

这些钱，我不够花。

你们的声音还不够大。

已经打六折了，难道还不够便宜吗?

够는 필요한 수, 기준, 정도 등을 만족하다는 의미이며, 不够는 그것의 부정형으로 '충분하지 않다'라는 의미이다. 不够 뒤에 동사 혹은 형용사가 올 경우, 그것을 하기에 충분하지 않다는 것을 나타낸다.

단어 花 huā 图 소비하다, 쓰다 | 声音 shēngyīn 阅 목소리 | 难道 nándào 閉 설마 ~하겠는가

05 要想考出好成绩，平时得多努力才行! 🎧 MP3 06-09

- 난 웃음 소리가 나올 정도로 기뻤어.

  我高兴得笑出声来。

- 그는 휴대전화를 꺼내서 한참 동안 봤어.

  他拿出手机，看了半天。

- 다른 곳 하나를 찾아 주세요.

  请你找出一个不同的地方。

- 오랫동안 생각했는데도 좋은 방법을 생각해 내지 못했어.

  想了很长时间，也没想出一个好办法。

'동사+出' 구조에서 出는 결과보어로 사람이나 사물이 동작을 따라 안에서 바깥으로 나오거나, 숨겨져 있다가 드러나고, 없다가 생기는 등의 의미를 나타낸다.

〓단어 半天 bàntiān 몡 한참 동안, 한나절

06 我们有了更多的时间和自由 🎧 MP3 06-10

- 그녀는 이 일에 희망이 생겼다고 생각했다.

  她觉得这件事情有了希望。

- 그 사람은 이미 결혼했고, 아이가 생겼어.

  他已经结了婚，有了孩子。

- 첫 번째가 있으면, 두 번째가 있을 거야.

  有了第一次，就会有第二次。

- 네가 앞으로 경력이 생기면 더 좋은 일자리를 구할 수 있을 거야.

  等你以后有了经验，就能找到更好的工作。

'有了+명사' 구조에서 有了는 '~(이) 생기다'의 의미를 나타낸다.

〓단어 结婚 jiéhūn 됭 결혼하다 | 经验 jīngyàn 몡동 경험(하다)

단어를 교체하며 문형을 익히는 연습입니다. 반복하여 읽어 보세요.

1 🏃 1 2 3 4 5 🎧 MP3 06-11

爸爸正忙着做早饭呢。

他最近正忙着找工作呢。

他正忙着准备生日礼物呢。

我最近忙着准备期中考试呢。

나 요즘 집 보느라 바빠.

그 사람은 우리에게 커피 사느라 바빠.

아빠는 지금 아침 식사를 준비하느라 바쁘셔.

손님이 오셔서 그 사람은 차를 끓이느라 바빠.

2 🏃 1 2 3 4 5 🎧 MP3 06-12

这些钱，我不够花。

你们的声音还不够大。

这件衣服洗得不够干净。

这些菜不够吃，再点两个。

네가 한 이 말은 별로 정확하지는 않아.

그 사람의 이 이유는 아직 충분하지 않아.

이 옷은 별로 공식적이니 않으니까 너 바꿔 입자.

사람은 항상 별로 완벽하지 않은 곳들이 있을 수 있다.

단어 准确 zhǔnquè 휑 확실하다, 정확하다 | 理由 lǐyóu 몡 이유 |
充分 chōngfèn 휑 충분하다 | 正式 zhèngshì 휑 정식의, 공식적인 |
完美 wánměi 휑 매우 훌륭하다, 완미하다

3 🏃 ① ② ③ ④ ⑤ 🎧 MP3 06-13

你别笑出声来。

他拿出手机，看了半天。

请你找出一个不同的地方。

老师拿出一本书，让我们看看。

네가 우리 마음속의 소리를 말했다.

그 사람은 좋은 방법을 생각해 냈다.

그 사람은 그릇에서 만두 하나를 골라냈다.

너는 이유 하나를 찾아내서 그를
설득시켜야만 한다.

4 🏃 ① ② ③ ④ ⑤ 🎧 MP3 06-14

她觉得这件事情有了希望。

有了第一次，就会有第二次。

跟以前比起来，他有了一些变化。

现在他有了一间特别大的办公室。

이후에 기회가 생기면 다시 말하자.

아이가 생긴 후 생활에 많은 변화가 생겼다.

나는 처음으로 미래에 대해 믿음이 생긴 것을
느꼈다.

지금 그 사람은 자신의 차가 생겨서,
이전보다 훨씬 편해졌다.

단어 心声 xīnshēng 몡 마음의 소리 | 碗 wǎn 몡 공기, 그릇 |
挑 tiāo 동 고르다 | 说服 shuōfú 동 설득하다

단어 间 jiān 양 칸[방을 세는 단위] | 办公室 bàngōngshì 몡 사무실 |
发生 fāshēng 동 발생하다, 생기다 | 未来 wèilái 몡 미래 |
信心 xìnxīn 몡 믿음, 신념

본문을 응용한 회화 연습입니다. 뜻을 생각하며 읽어 보세요.　MP3 06-15

1

A 这么忙，哪有时间听两门选修课啊?
Zhème máng, nǎ yǒu shíjiān tīng liǎng mén xuǎnxiūkè a?

B 说的也是。
Shuō de yě shì.

2

A 期末考试考得怎么样?
Qīmò kǎoshì kǎo de zěnmeyàng?

B 哎，临时抱佛脚，能考好吗?
Āi, línshí bào fójiǎo, néng kǎohǎo ma?

> 能……吗?는 '~할 수 없다'라는 의미를 반어적으로 표현한 것입니다.

3

A 你的笔记做得真好啊!
Nǐ de bǐjì zuò de zhēn hǎo a!

B 回家得多看看笔记，好好儿复习啊。
Huí jiā děi duō kànkan bǐjì, hǎohāor fùxí a.

> 好好儿일 경우, 두번째 好는 1성으로 바뀌고, 好好地이면 두 번째 好는 원래 성조인 3성으로 발음합니다.

4

A 这个学期你参加兴趣小组了吗?
Zhège xuéqī nǐ cānjiā xìngqù xiǎozǔ le ma?

B 我参加了一个读书兴趣小组。
Wǒ cānjiāle yí ge dúshū xìngqù xiǎozǔ.

> 동아리는 兴趣小组 혹은 社团shètuán이라고 합니다.

단어 ┃ 门 mén 영 과목 | 读书 dúshū 동 독서하다

공부와 관련한 성어 표현입니다. 알맞은 상황에서 잘 활용해 보세요. **MP3 06-16**

知识就是力量。
Zhīshi jiùshi lìliang.
아는 것이 힘이다.

活到老，学到老。
Huódào lǎo, Xuédào lǎo.
평생 동안 공부해야 한다.

千里之行，始于足下。
Qiānlǐ zhī xíng, shǐ yú zú xià.
천리길도 한 걸음부터.

马到成功，金榜题名。
Mǎ dào chénggōng, jīnbǎng tí míng.
빠른 시간에 시험에 합격하다.

功夫不负有心人。
Gōngfu bú fù yǒu xīn rén.
노력은 배신하지 않는다.

读书不离口，写字不离手。
Dúshū bù lí kǒu, xiězì bù lí shǒu.
책은 소리 내서 읽고, 글씨는 써 봐야 한다.
(공부하는 것은 입을 떠나지 않고,
글자 쓰는 것은 손을 떠나지 않는다.)

외워 봐요!

背一背!

자주 활용할 수 있는 문장입니다. 100문장 암기를 목표로 외워 보세요.

 MP3 06-17

51 最近我一直在忙着找工作。

52 这次我考砸了。

53 还有一次机会呢。

54 说的也是。

55 其实这次考试我也没考好。

56 八十五分还不够高吗?

57 大家都开夜车学习呢。

58 要想考出好成绩，平时得多努力才行！

59 平时听好课，做好笔记，好好儿复习。

60 哪里哪里，我还差得远呢！

벌써 60문장이 술술!

51	52	53	54	55	56	57	58	59	60
✓									

自我介绍 자기소개

尊敬的领导：

　　您好！

　　很高兴您能在百忙之中抽出时间来看我的简历，我叫〇〇〇，毕业于〇〇大学。我在网上看到了贵公司的招聘广告，觉得自己很适合贵公司海外部的这份工作，所以前来应聘。

　　我性格活泼开朗，兴趣广泛；工作主动认真，责任心强。我认为在贵公司工作能给我最好的发展机会。我学的是中文，我会说汉语，我一直希望能找到一份能使用汉语的工作。我相信我的能力和知识正是贵公司所需要的。

　　我真诚的希望能成为贵公司的一员。请领导给我一次展现自我的机会。谢谢。

　　祝：贵公司蒸蒸日上！

此致

　　敬礼！

해석

존경하는 대표님께
　안녕하십니까!
　바쁘신 중에도 시간을 내서 저의 이력서를 검토해 주셔서 감사합니다. 저는 〇〇〇이고, 〇〇대학을 졸업하였습니다. 저는 인터넷에서 귀사의 구인 공고를 보았고, 제가 귀사 국제부 업무에 매우 적합하다고 생각되어 지원하게 되었습니다.
　저는 밝은 성격이며 다양한 취미를 갖고 있습니다. 업무 처리에 있어 적극적이고 열심히 노력하며, 책임감이 강합니다. 제가 귀사에서 일하는 것은 저에게 최고의 발전 기회라고 생각합니다. 제 이력서에서 볼 수 있듯이, 저는 전공이 중국어여서 중국어를 할 줄 알기 때문에 항상 중국어를 활용할 수 있는 직업을 찾을 수 있기를 바라고 있었습니다. 저는 제 능력과 지식이 바로 귀사가 필요로 하는 것이라고 믿고 있습니다.
　저는 진심으로 귀사의 일원이 될 수 있기를 바랍니다. 대표님께서 저에게 자아를 실현할 수 있는 한 번의 기회를 주시기 바랍니다. 감사합니다.
　귀사가 번창하기를 기원합니다!
　경의를 표합니다!

07

结婚

○ 학습 목표　결혼과 관련된 문화를 이해하고 다양한 표현을 활용할 수 있다.

○ 학습 내용　**1.** 결혼 관련 문화　**2.** 怪不得

婚礼
결혼식

新郎新娘
신랑 신부

喜糖
결혼 사탕

红包
빨간 봉투

다음 상황을 중국어로 생각해 보세요.

가오펑

지민아, 이번 주말에 뭐 할 생각이야?

최지민

집에서 음악 좀 듣고 쉬려고.

가오펑

이번 주말에 우리 누나 결혼하는데, 너 나랑 같이 보러 갈래?

최지민

좋아! 나 지금껏 중국 사람 결혼식은 한 번도 가 본 적이 없어.

(결혼식)

최지민

와! 신부 정말 예쁘다!

가오펑

응, 신랑도 멋있어! 우리 우선 들어가자.

최지민

가오펑 봐 봐, 모든 자리마다 작은 선물이 하나씩 있는 것 같아.

가오펑

맞아, 신혼부부는 보통 안에 결혼 사탕을 넣어서 하객에게 감사를 표시해.

최지민

어쩐지 이전에 중국 친구가 우리 언니한테 "언제 네 결혼 사탕 먹어"라고 묻더니, 알고 보니 '언제 결혼하는지'를 묻고 싶은 거였구나.

가오펑

맞아, 저 두 사람 내일 바로 신혼여행 떠난대!

최지민

정말 멋지다!

결혼은 누구에게나 일생의 매우 중요한 일입니다. 중국은 결혼 문화가 한국과 조금 다른데, 중국 결혼식에 가 보면 그 문화를 더 잘 이해할 수 있겠죠? 중국인 결혼식에 갔다고 가정하고 관련 표현을 공부해 보세요.

본문 ① 대화하기

결혼을 주제로 한 대화입니다. 뜻을 생각하며 읽어 보세요.

MP3·07-02

高朋　　小敏，这个周末你打算做什么？

崔智敏　在家听听音乐，休息休息。

高朋　　这个周末我姐姐结婚，你想跟我一起去看看吗？

崔智敏　好啊！我还从来没①参加过中国人的婚礼呢！

（婚礼）

崔智敏　哇！新娘好漂亮啊！

高朋　　是啊，新郎也很帅呢！咱们先进去吧。

崔智敏　高朋你看，好像②每个座位上都有一件小礼物呢。

高朋　　是啊，新人一般都会在里面放一些喜糖，向客人表示感谢。

崔智敏　怪不得③以前有位中国朋友问我姐姐"什么时候吃你的喜糖啊"，原来④是想问她"什么时候结婚"呢。

高朋　　对啊。听说他们明天就要出发去度蜜月呢！

崔智敏　真不错啊！

본문② 읽어 보기

이 과의 주제와 관련된 내용의 평서문입니다. 뜻을 생각하며 읽어 보세요.

🎧 MP3 07-03

　　结婚是人生大事，不能马虎。年轻人结婚时，不但要有房子和车子，婚礼还要办得有面子。结婚变成了一件很复杂的事情。不过现在，有一些年轻人也改变了想法。有的人选择"旅行结婚"，有的人甚至❺还会选择"裸婚"。因为他们觉得，两个人在一起，才❻是最重要的。

🔑 문법 Tip!

❶ '从来不/没……'는 '지금까지 ~한 적이 없다' 혹은 '지금까지 ~하지 않았다'라는 의미로 쓰인다.
❷ '好像……'은 추측하는 표현으로 '~인 것 같다'라는 의미이다.
❸ 怪不得는 부사로, '어쩐지'의 의미이다.
❹ 原来는 이전에 알지 못했던 사실을 갑자기 깨닫게 되었다는 의미를 포함하고 있다.
❺ 甚至는 접속사로, 병렬된 단어의 마지막 항목의 앞에 놓여 이 항목을 두드러지게 하는 역할을 한다.
❻ 才는 부사로, '~야말로' 혹은 '~만이'라는 의미를 갖는다.

👄 발음 Tip!

❶ 怪不得 guàibude는 不得 모두 경성으로 발음해야 한다.
❷ 马虎 mǎhu의 虎가 경성이고, 马虎를 중첩해서 马马虎虎가 되면 mǎmahūhu로 된다는 것에 유의해야 한다.

본문에 나온 새 단어입니다. 글자, 한어병음, 뜻을 모두 익히세요.　🎧 MP3 07-04

□ **结婚** jiéhūn 동 결혼하다 명 결혼

□ **婚礼** hūnlǐ 명 결혼식

□ **新娘** xīnniáng 명 신부

□ **新郎** xīnláng 명 신랑

□ **帅** shuài 형 멋있다

□ **新人** xīnrén 명 신랑 신부

□ **一般** yìbān 부 일반적으로 형 일반적이다

□ **喜糖** xǐtáng 명 결혼식용 사탕

□ **表示** biǎoshì 동 나타내다, 표시하다

□ **感谢** gǎnxiè 명 감사 동 감사하다

□ **原来** yuánlái 부 알고 보니 형 원래의

□ **蜜月** mìyuè 명 신혼여행

□ **人生** rénshēng 명 인생

□ **马虎** mǎhu 형 소홀하다, 건성건성 하다

□ **车子** chēzi 명 차

□ **面子** miànzi 명 체면

□ **变成** biànchéng 동 변하여 ~이 되다, ~로 변화하다

□ **复杂** fùzá 형 복잡하다

□ **事情** shìqing 명 일, 사건

□ **改变** gǎibiàn 동 바꾸다

□ **想法** xiǎngfǎ 명 생각

□ **选择** xuǎnzé 동 선택하다 명 선택

□ **旅行** lǚxíng 동 여행하다

□ **甚至** shènzhì 접 심지어

□ **裸婚** luǒhūn 명 스몰 웨딩

초중급 단계에서 꼭 필요한 주요 문법입니다. 반복하여 학습하세요.

01 我还从来没参加过中国人的婚礼呢!

• 난 여태까지 프랑스 요리를 먹어 본 적이 없어.	我从来没吃过法国菜。
• 이 일은 내가 여태껏 들어 본 적이 없어.	这件事我从来没听说过。
• 난 아직까지 중국에 가 본 적이 없어.	我还从来没有去过中国呢。
• 이 문제는 난 여태까지 생각해 본 적이 없어.	这个问题，我从来没想过。

'从来不/没……'는 '지금까지 ~한 적이 없다' 혹은 '지금까지 ~하지 않았다'라는 의미로 쓰인다.

02 好像每个座位上都有一件小礼物呢

• 그 사람은 몸이 좀 아픈 것 같아.	他好像身体不太舒服。
• 이 사람 나 어디에서 만난 적 있는 것 같아.	这个人我好象在哪儿见过。
• 그 사람은 샤오왕 한 사람한테만 말한 것 같아.	他好像只对小王一个人说了。
• 모든 사람이 자전거 한 대씩 있는 것 같아.	好像每个人都有一辆自行车。

'好像……'은 추측하는 표현으로 '~인 것 같다'라는 의미이며, 때로는 '好象是……'로 말하기도 한다. 好像이 '비슷하다', '대략 그러하다'라는 의미로 쓰일 경우, 문장 끝에 似的나 一样을 넣을 수 있다.

단어 对 duì 젠 ~에게, ~을 향하여

03 怪不得以前有位中国朋友问我姐姐 "什么时候吃你的喜糖啊"

- 어쩐지 네가 안 왔다 했더니, 너 병원 갔었구나.

  怪不得你没来，原来你去医院了。

- 어쩐지, 이번 시험을 잘 못 쳤다 했더니, 너 복습을 열심히 안 했구나.

  怪不得这次没考好，原来你没好好复习。

- 그 사람 어머니가 미국 사람이구나, 어쩐지 영어를 그렇게 잘 하더라니.

  他妈妈是美国人，怪不得英语说得这么好。

- 그녀는 오늘 친구를 만나려고 하는구나, 어쩐지 그렇게 예쁘게 입었다고 했어.

  她今天要去见朋友，怪不得穿得这么漂亮。

怪不得는 부사로, 이유가 분명해져서 더 이상 이상하다고 생각하지 않을 정도로 깨달은 것을 나타내며 '어쩐지'의 의미이다.

04 原来是想问她 "什么时候结婚" 呢

- 알고 보니 그 사람이 너의 대학 친구였구나.

  原来他是你的大学同学啊。

- 알고 보니 너였구나, 난 또 샤오리인 줄 알았어.

  原来是你啊，我还以为是小李呢。

- 알고 보니 그 사람들 안 떠났구나, 난 또 그 사람들 떠난 줄 알았어.

  原来他们没走，我还以为他们走了。

- 남동생이 왜 학교를 안 갔나 했더니, 알고 보니 오늘이 토요일이구나.

  我说弟弟怎么没去学校呢，原来今天是星期天。

原来는 이전에 알지 못했던 사실이나 혹은 잘못 알았던 사실을 갑자기 깨닫게 되었다는 의미를 포함하고 있다. 原来는 주어의 앞이나 뒤에 모두 사용할 수 있다.

단어 　以为 yǐwéi 통 생각하다, 여기다[주관적인 생각을 나타낼 때 사용]

05 有的人选择"旅行结婚"，有的人甚至 还会选择"裸婚"

MP3 07-09

• 어떤 때는 그 사람은 심지어 하루에 두 번 가.

有时候，他甚至一天去两次。

• 이 일은 심지어 그 사람 부모님도 모르셔.

这件事，甚至连他的父母都不知道。

• 그 사람은 매일 15시간씩 일하고, 어떤 때는 심지어 18시간씩 일해.

他每天工作15个小时，有时甚至18个小时。

• 요즘 나 정말 바빠서 심지어 밥 먹을 시간도 없어.

最近我太忙了，甚至连吃饭的时间都没有。

甚至가 접속사일 경우, 앞에 있는 명사, 형용사, 동사, 전치사구 등의 앞에 놓여 이 항목의 정도가 더 심해지고 더 나아감을 표현하는 역할을 하며 '심지어'의 의미이다.

06 两个人在一起，才是最重要的

MP3 07-10

• 매일 복습해야 시험을 잘 칠 수 있어.

每天复习才能考好。

• 나는 친구야말로 가장 중요하다고 생각해.

我觉得朋友才是最重要的。

• 이 책을 다 봐야만 놀러 나갈 수 있어.

看完这本书才能出去玩儿。

• 친구들과 함께 가야 재미있어.

跟朋友们一起去才有意思呢。

才는 부사로, '〜야말로' 혹은 '〜만이'라는 의미를 갖는다.

연습해 봐요!

단어를 교체하며 문형을 익히는 연습입니다. 반복하여 읽어 보세요.

1 1 2 3 4 5 🎧 MP3 07-11

我从来没养过狗。

妈妈从来没学过汉语。

这件事我从来没听说过。

我还从来没有去过中国呢。

지금까지 이런 일은 발생한 적이 없어.

이 일은 내가 지금까지 생각해 본 적이 없어.

그는 지금까지 나에게 이 일을 말한 적이 없어.

여러 번 들어본 적은 있지만 지금껏 가 본 적은 없어.

2 1 2 3 4 5 🎧 MP3 07-12

怪不得你没来，原来你去医院了。

怪不得你今天没精神，原来你感冒了。

他妈妈是美国人，怪不得英语说得这么好。

怪不得你学习汉语，原来你想去中国工作。

어쩐지 그 사람 오늘 기분이 안 좋더니, 이번 시험을 잘 못 봤구나.

그 사람이 면접시험 가려고 하는구나, 어쩐지 오늘 양복을 입었더라니.

그 사람 내일 시험이 있구나, 어쩐지 영화 보러 갈 시간이 없다고 하더니.

그 사람이 중국어에 흥미가 있구나, 어쩐지 그렇게 열심히 중국어 공부를 한다고 했더니.

단어 狗 gǒu 몡 개

3 ▸ ① ② ③ ④ ⑤ 🎧 MP3 07-13

原来今天是星期天啊！

原来他是你的大学同学啊。

原来是你啊，我还以为是小李呢。

原来你没去啊，我还以为你跟他们一起去了呢。

너도 몰랐구나!

원래 너희 둘은 벌써부터 알았구나.

너는 집에 있었는데, 왜 전화를 받지 않았지?

원래 네가 나한테 전화를 했구나, 난 또 샤오왕이라고 생각했어.

4 ▸ ① ② ③ ④ ⑤ 🎧 MP3 07-14

我觉得朋友才是最重要的。

看完这本书才能出去玩儿。

做完作业才有时间去逛街。

对汉语感兴趣才能学好汉语。

꿈을 가지는 것이야말로 가장 중요해.

열심히 공부해야 시험을 잘 칠 수 있어.

너는 밥을 다 먹어야만 커피를 마실 수 있어.

그 사람은 노트 필기를 잘 해야만 시험을 잘 볼 수 있다고 생각해.

단어 梦想 mèngxiǎng 명 꿈, 이상

본문을 응용한 회화 연습입니다. 뜻을 생각하며 읽어 보세요.

MP3 07-15

1

A 小李，什么时候吃你的喜糖啊？
　　Xiǎo Lǐ, shénme shíhou chī nǐ de xǐtáng a?

B 还早呢。
　　Hái zǎo ne.

> '언제 너의 결혼사탕을 먹는 거야?'는 '언제 국수 먹게 해줄 거야?'와 같은 의미입니다.

2

A 这个周末你打算去参加他的婚礼吗？
　　Zhège zhōumò nǐ dǎsuàn qù cānjiā tā de hūnlǐ ma?

B 还没想好呢。
　　Hái méi xiǎnghǎo ne.

3

A 姐姐今天去参加朋友的婚礼了。
　　Jiějie jīntiān qù cānjiā péngyou de hūnlǐ le.

B 怪不得今天穿得那么漂亮。
　　Guàibude jīntiān chuān de nàme piàoliang.

4

A 你吃过北京烤鸭吗？
　　Nǐ chīguo Běijīng kǎoyā ma?

B 我还从来没吃过呢。
　　Wǒ hái cónglái méi chīguo ne.

> '从来没……' 구문은 앞에 '아직'이라는 의미의 还가 나오는 경우가 많고, 회화에서 还는 종종 뒤에 呢가 더해집니다.

결혼과 사랑에 관련한 성어 표현입니다. 알맞은 상황에서 잘 활용해 보세요. MP3 07-16

天长地久
tiāncháng-dìjiǔ
끝없는 사랑

白头偕老
báitóu-xiélǎo
백년해로

早生贵子。
Zǎo shēng guìzǐ.
얼른 아이 낳으세요.

情人眼里出西施。
Qíngrén yǎnlǐ chū Xīshī.
내 눈에 콩깍지.
(사랑하는 사람의 눈에는 서시이다.)

有情人终成眷属。
Yǒu qíngrén zhōng chéng juànshǔ.
마침내 연인에서 부부가 되었다.

男大当婚，女大当嫁。
Nán dà dāng hūn, nǚ dà dāng jià.
남녀 모두 때가 되면 결혼을 해야 한다.
(남자는 자라서 장가를 가야 하고,
여자는 자라서 시집을 가야 한다.)

자주 활용할 수 있는 문장입니다. 100문장 암기를 목표로 외워 보세요.　　MP3 07-17

61 我还从来没参加过中国人的婚礼呢！

62 好像每个座位上都有一件小礼物呢。

63 怪不得这次没考好，原来你没好好儿复习。

64 原来是想问她"什么时候结婚"呢。

65 听说他们明天就要出发去度蜜月呢！

66 这件事不能马虎。

67 结婚变成了一件很复杂的事情。

68 有一些人改变了想法。

69 有的人甚至还会选择"裸婚"。

70 两个人在一起，才是最重要的。

벌써 70문장이 술술!

| 61 | 62 | 63 | 64 | 65 | 66 | 67 | 68 | 69 | 70 |

즐겨 봐요!

结婚请柬 결혼식 청첩장

Our Wedding 我们结婚啦!

Yes I do

沉浸于幸福中的我们将于：

公历：2060年8月8日　农历：七月十三日　星期日
举办结婚喜宴

恭请：＿＿＿＿＿＿＿光临！

诚意邀请您共享喜悦
您的光临和祝福会使婚宴更添色彩
也将是我们最大的荣耀
席设：OO宾馆一楼大厅
时间：中午1：30分
地址：人民东路OO宾馆

新浪：OOO 新娘：OOO
牛郎　　　　　　　织女

깊은 행복 가운데 있는 우리가

양력: 2060년 8월 8일　음력: 7월 13일　일요일
에 결혼식을 거행합니다.

＿＿＿＿＿＿＿님을 초대합니다.

저희 결혼식에 참석하셔서 함께 기쁨을 나눌 수 있기를 진심으로 바랍니다.
당신의 방문과 축복이 저희 결혼식을 더욱 빛나게 할 것이며
저희는 매우 영광스럽게 생각할 것입니다.
장소: OO호텔 1층 대강당
시간: 오후 1시 30분
주소: 인민동로 OO호텔

신랑: OOO 신부: OOO
견우　　　　　　　직녀

08

球赛

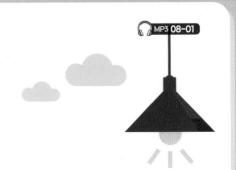

○ 학습 목표　스포츠 경기에 관련된 다양한 표현과 내용을 이해하고 활용할 수 있다.

○ 학습 내용　**1.** 스포츠 관련 표현　　**2.** 一点儿都……

足球赛
축구 경기

加油
응원하다

直播
생중계

跑步
달리기

생각해 봐요!

想一想!

다음 상황을 중국어로 생각해 보세요.

박명호
가오펑! 나한테 축구 경기 입장권 두 장 있어.

가오펑
와, 한중 청소년 축구 경기구나!

박명호
응, 내일 저녁 7시야. 어때, 시간 있어?

가오펑
보니까 너 축구팬이구나! 내일 나 마침 시간 되는데, 너랑 함께 가 줄게.

박명호
정말 잘 됐다! 그럼 우리 내일 6시에 만나자.

가오펑
문제없어, 우리 함께 두 팀 응원하러 가자.

박명호
좋아! 그런데 내가 산 표가 할인된 표여서 위치가 별로 안 좋아.

가오펑
상관없어. 그래도 집에서 텔레비전 생중계 보는 것보다는 재미있을 거야.

박명호
그렇고말고! 우리 가서 현장 분위기 한껏 느껴 보자.

가오펑
더군다나, 네가 한턱내는 거니까 그 마음 내가 받을게.

박명호
하하, 너 정말 말 잘한다!

요즘 많은 사람들이 다양한 스포츠를 즐기면서 텔레비전으로 경기를 시청하거나 직접 경기장에 가서 보기도 하는데요. 스포츠에 관한 내용을 생각하면서 다양한 표현을 공부해 보세요.

본문 ① 대화하기

경기 관람을 주제로 한 대화입니다. 뜻을 생각하며 읽어 보세요.

🎧 MP3 08-02

朴明浩　高朋！我这儿有两张足球赛的门票。

高朋　哇，是韩中青少年足球赛呢！

朴明浩　是啊，明天晚上七点，怎么样，有时间吗？

高朋　看来你是个球迷啊！明天我正好有时间，陪你一起去吧。

朴明浩　太好了！那我们明天六点见吧！

高朋　没问题，咱们一起去给两个队加加油。

朴明浩　好啊！不过我买的是折扣票，位置不太好。

高朋　没关系。总比在家看电视直播有意思啊。

朴明浩　那可不❶！咱可以去好好儿感受一下现场气氛。

高朋　再说了❷，你请客，这心意我得领了呀！

朴明浩　哈哈，你可真会❸说话啊！

📢 본문 ② 읽어 보기

이 과의 주제와 관련된 내용의 평서문입니다. 뜻을 생각하며 읽어 보세요.   🎧 MP3 08-03

我是个篮球迷，我不但喜欢打篮球，还❹喜欢看篮球。美国的NBA球赛，我几乎都不会错过。我弟弟呢，他对跑步更感兴趣❺。他说跑步可以锻炼身体，而且想一个人好好儿静一静的时候，跑步也是个不错的选择。所以啊，"萝卜白菜，各有所爱。"这句话说得一点儿都❻没错。

🔑 문법 Tip!

❶ 那可不는 회화에서 자주 사용하는 표현으로 상대방의 말에 대한 긍정적인 대답으로 '그렇고 말고'의 의미이다.

❷ 再说了는 회화에서 자주 쓰는 표현으로 '더군다나'의 의미이다.

❸ 会 앞에 真이 있을 경우 '어떤 일을 잘한다'는 것을 의미한다.

❹ '不但……还……'는 '～할 뿐만 아니라 또한 ～하다'라는 의미이다.

❺ '对……感兴趣'는 '～에 흥미가 있다'라는 의미로 회화에서 자주 사용한다.

❻ '一点儿都……'는 동사나 형용사의 앞에 오며 주로 부정 형식으로 잘 쓰여 '조금도 ～하지 않다'의 의미를 나타낸다.

👄 발음 Tip!

❶ 这心意我得领了呀！에서 得는 조동사이므로 děi로 발음한다.

❷ 我几乎都不会错过。의 过는 반드시 조사가 아니기 때문에 반드시 4성으로 발음해야 한다.

본문에 나온 새 단어입니다. 글자, 한어병음, 뜻을 모두 익히세요.   🎧 MP3 08-04

☐ 足球 zúqiú 몡 축구

☐ 赛 sài 몡 시합, 경기

☐ 门票 ménpiào 몡 입장권

☐ 青少年 qīngshàonián 몡 청소년

☐ 球迷 qiúmí 몡 (구기 종목) 팬

☐ 队 duì 몡 팀

☐ 折扣 zhékòu 몡 할인 图 할인하다

☐ 位置 wèizhì 몡 위치, 자리

☐ 总 zǒng 图 틀림없이, 어쨌든

☐ 电视 diànshì 몡 텔레비전

☐ 直播 zhíbō 몡 생중계

☐ 感受 gǎnshòu 图 느끼다

☐ 现场 xiànchǎng 몡 현장

☐ 气氛 qìfēn 몡 분위기

☐ 请客 qǐngkè 图 초대하다, 한턱내다

☐ 领 lǐng 图 받다, 받아들이다

☐ 篮球 lánqiú 몡 농구

☐ 错过 cuòguò 图 놓치다

☐ 弟弟 dìdi 몡 남동생

☐ 对 duì 젠 ~에게, ~을 향하여

☐ 跑步 pǎobù 图 달리기하다 몡 달리기

☐ 锻炼 duànliàn 图 운동하다, 단련하다

☐ 静 jìng 图 조용히 지내다 혱 조용하다

☐ 萝卜白菜, 各有所爱
luóbo báicài, gè yǒu suǒ ài
혱 무와 배추 각자 선호하는 것이 있다,
사람들마다 좋아하는 것이 있다

☐ 句 jù 양 마디[말, 글의 수를 세는 단위]

배워 봐요!

초중급 단계에서 꼭 필요한 주요 문법입니다. 반복하여 학습하세요.

01 那可不！

- Ⓐ 보니까 너 중국어 배우는 것 좋아하는 것 같아.

  看来你很喜欢学汉语啊。

  Ⓑ 그렇고말고, 나 중국어 배우는 것 엄청 재미있어.

  那可不，我觉得学汉语挺有意思的。

- Ⓐ 그 사람 축구 정말 잘 한다던데.

  听说他的足球踢得很不错。

  Ⓑ 그렇고말고, 그 사람 우리 반 축구팀 주장이야.

  那可不，他是我们班足球队的队长。

那可不는 회화에서 자주 사용하며 상대방의 말에 대한 긍정적인 대답으로 '그렇고 말고'의 의미이다.

단어 队长 duìzhǎng 명 주장, 대장

02 再说了，你请客，这心意我得领了呀！

- 체면이 그렇게 중요해? 더군다나,
  한턱내면 체면이 서는 거야?

  面子那么重要吗？再说了，
  请客就有面子了？

- 나도 중국 음식 먹고 싶어, 게다가
  네가 한턱내니까 내가 가야지.

  我也想尝尝中国菜，再说了，
  你请客，我得去啊。

- 이 옷은 너무 비싸, 더군다나,
  이렇게 좋은 옷은 입을 기회도 없어.

  这件衣服太贵了，再说了，
  这么好的衣服也没机会穿啊。

- 나도 잘 몰라. 더군다나,
  내가 말하는 것을 너도 듣고 싶지 않을 거야.

  我也不太清楚。再说了，
  我说的你也不想听。

再说了는 회화에서 자주 쓰는 표현으로 '더군다나' 혹은 '게다가'의 의미이다.

03 你可真会说话啊!

• 너 정말 방법을 잘 생각해 낸다!	你真会想办法啊!
• 너 정말 장소를 잘 찾는다!	你真会找地方啊!
• 그 사람 정말 농담 잘해.	他可真会开玩笑啊。
• 너희들 정말 잘 지낸다.	你们可真会过日子啊。

숲는 앞에 真이 있을 경우 '어떤 일을 잘한다'는 것을 의미하며 단독으로 쓰일 수는 없다. 부정은 不会로 나타낸다.

04 我不但喜欢打篮球，还喜欢看篮球

• 그 사람은 영어를 잘할 뿐만 아니라 중국어도 잘해.	他不但会说英语，还会说汉语。
• 나는 중국에 가 본 적이 있을 뿐만 아니라 미국도 가 본 적이 있어.	我不但去过中国，还去过美国。
• 그 사람은 중국 음식을 자주 먹을 뿐만 아니라, 중국 차도 자주 마셔.	他不但常吃中国菜，还常喝中国茶。
• 열심히 복습해야 할 뿐만 아니라, 또 열심히 예습도 해야 해.	不但要好好儿复习，还要好好儿预习。

'不但……还……'는 '~할 뿐만 아니라 또한 ~하다'라는 의미로 두 문장의 주어가 같을 경우, 不但은 대부분 주어의 뒤에 놓이고, 주어가 다를 경우에 不但은 주어 앞에 놓인다. 뒤 문장에는 还, 而且, 也, 又 등이 호응한다.

단어 预习 yùxí 동 예습하다

05 他对跑步更感兴趣

MP3 08-09

- 그 사람은 여러 가지 소리에 관심이 있어.   他对各种声音很感兴趣。
- 아빠는 여행에 별로 관심이 없어.   爸爸对旅行不太感兴趣。
- 그 사람들은 이 일에 관심 없어.   他们对这件事不感兴趣。
- 나는 중국 문화에 정말 관심이 많아.   我对中国文化非常感兴趣。

'对……感兴趣'는 '~에 흥미가 있다'라는 의미로 회화에서 자주 사용한다. 부정을 나타낼 때는 동사 感 앞에 부정부사 不를 넣는다.

06 这句话说得一点儿都没错

MP3 08-10

- 이 옷은 조금도 더럽지 않아.   这件衣服一点儿都不脏。
- 나는 네가 나를 조금도 이해 못한다고 생각해.   我觉得你一点儿都不了解我。
- 조금도 이상하지 않아, 그 사람은 바로 이런 사람이야.   一点儿都不奇怪，他就是个这样的人。
- 이미 12시가 되었지만 그녀는 조금도 피곤하게 느끼지 않았다.   已经十二点了，可是她一点儿都不觉得累。

'一点儿都……'는 동사나 형용사의 앞에 오며 주로 부정 형식으로 잘 쓰여 '조금도 ~하지 않다'의 의미를 나타낸다.

단어 脏 zāng 형 더럽다 | 了解 liǎojiě 동 (자세하게 잘) 알다, 이해하다 | 奇怪 qíguài 형 이상하다

연습해 봐요!

단어를 교체하며 문형을 익히는 연습입니다. 반복하여 읽어 보세요.

1

① ② ③ ④ ⑤ 🎧 MP3 08-11

你真会买东西。

他可真会偷懒啊。

你真会找地方啊!

他可真会开玩笑啊。

너희들 정말 놀 줄 아네!

그 사람 장사 정말 잘 해.

너 정말 잘 고른다!

그 사람은 바보인 척 정말 잘 해.

2

① ② ③ ④ ⑤ 🎧 MP3 08-12

他不但会说英语，还会说汉语。

我不但想学好英语，还想学好汉语。

不但要好好儿复习，还要好好儿预习。

他们家不但养了很多花，还养了很多鱼。

나는 책 보는 것을 좋아할 뿐만 아니라 게다가 여행도 좋아해.

그 사람은 나의 스승일 뿐만 아니라 게다가 나의 친구이기도 해.

이것은 하나의 도전일 뿐만 아니라 게다가 또 하나의 기회이기도 해.

그는 한국 노래를 듣는 것을 좋아할 뿐만 아니라 게다가 한국 영화 보는 것도 좋아해.

단어 偷懒 tōulǎn 통 게으름 피우다 | 生意 shēngyi 명 장사, 사업 | 装 zhuāng 통 ~인 척하다 | 傻 shǎ 형 어리석다, 멍청하다

단어 挑战 tiǎozhàn 명동 도전(하다)

3 ① ② ③ ④ ⑤　MP3 08-13

我对旅行不太感兴趣。

他们对这件事不感兴趣。

我对中国文化非常感兴趣。

我听说你对美食很感兴趣。

그 사람은 중국 역사에 관심이 있어.

그는 한국 음악에 대해 관심이 있어.

엄마는 이 문제에 대해 흥미가 없어.

나는 어려서부터 피아노에 흥미가 있어.

三단어 **美食** měishí 명 맛있는 음식 | **历史** lìshǐ 명 역사 |
钢琴 gāngqín 명 피아노

4 ① ② ③ ④ ⑤　MP3 08-14

我一点儿都不想去。

我觉得你一点儿都不了解我。

你说的这句话一点儿都没错。

一点儿都不奇怪，他就是个这样
的人。

이런 휴대전화는 조금도 저렴하지 않아.

그 일에 관해, 그 사람은 조금도 알지 못해.

그는 이 일에 대해 조금도 흥미를 느끼지
않아.

내일 시험이 있지만 그 사람은 조금도
긴장하지 않는다.

三단어 **紧张** jǐnzhāng 형 긴장하다

你问我答！

본문을 응용한 회화 연습입니다. 뜻을 생각하며 읽어 보세요.

MP3 08-15

1

A 你一般什么时候跟朋友一起踢球啊？
　Nǐ yìbān shénme shíhou gēn péngyou yìqǐ tī qiú a?

B 只要有时间就去。
　Zhǐyào yǒu shíjiān jiù qù.

'只要……就……'는 '~하기만 하면 ~하다'라는 의미의 관용 표현입니다.

2

A 听说你是他的歌迷？
　Tīngshuō nǐ shì tā de gēmí?

B 那可不，我觉得他的歌都很好听。
　Nà kěbù, wǒ juéde tā de gē dōu hěn hǎotīng.

3

A 明天你能来我家吃饭吗？
　Míngtiān nǐ néng lái wǒ jiā chī fàn ma?

B 能啊。再说了，你过生日，我当然得去啊。
　Néng a. Zài shuō le, nǐ guò shēngrì, wǒ dāngrán děi qù a.

得는 동사 앞에서 조동사로 쓰여 děi로 발음해야 합니다.

4

A 球赛现场气氛怎么样啊？
　Qiúsài xiànchǎng qìfēn zěnmeyàng a?

B 可好了。大家都在给韩国队加油呢。
　Kě hǎo le. Dàjiā dōu zài gěi Hánguó duì jiāyóu ne.

'给……加油(~를 응원하다)'로 외워 두면 좋습니다.

단어 歌迷 gēmí 명 노래 팬

더 높이 날아 봐요! 更上一层楼!

경기 및 운동과 관련한 성어 표현입니다. 알맞은 상황에서 잘 활용해 보세요.

争先恐后
zhēngxiān-kǒnghòu
앞다투다

你追我赶
nǐzhuī-wǒgǎn
앞서거니 뒤서거니 하다

不相上下
bùxiāng-shàngxià
막상막하

生命在于运动。
Shēngmìng zàiyú yùndòng.
운동하면 장수한다.
(생명은 운동에 달려 있다.)

饭后百步走，活到九十九。
Fàn hòu bǎibù zǒu, huódào jiǔshíjiǔ.
식후에 백보를 걸으면 99세까지 산다.

练出一身汗，小病不用看。
Liànchū yìshēn hàn, xiǎo bìng búyòng kàn.
땀 흘리며 운동하면 건강하게 살 수 있다.
(연습하면서 온몸이 땀으로 젖으면 작은 병치레는
볼 것도 없다.)

背一背!

자주 활용할 수 있는 문장입니다. 100문장 암기를 목표로 외워 보세요.

MP3 08-17

71 我这儿有两张足球赛的门票。

72 看来你是个球迷啊!

73 明天我正好有时间。

74 咱们一起去给两个队加加油。

75 总比在家看电视直播有意思啊。

76 咱可以去好好儿感受一下现场气氛。

77 你可真会说话啊!

78 我几乎都不会错过。

79 他对跑步更感兴趣。

80 这句话说得一点儿都没错。

벌써 80문장이 술술!

| 71 | 72 | 73 | 74 | 75 | 76 | 77 | 78 | 79 | 80 |

✔

开心一下!

즐겨 봐요!

入场券 입장권

NO.00000107
nipio.com

2088年OO市第O届足球比赛

入场券
ADMISSION TICKET

场馆(Venue): OO市OO体育馆
时间(Date) : 2088年 6月 20日(星期四)
　　　　　　　15:30-17:30
座位(Seat) : 区 排 号

副券撕毁无效

副券

扫二维码
更多资讯
SCAN
QR CODE

友情提示: 仅限比赛当场次使用, 副券撕下无效, 票张涂改无效。
提前一小时开始检票, 请提前入场, 并配合安检人员检查。

nipio.com

副券

副券撕毁无效

扫二维码
更多资讯
SCAN
QR CODE

观众须知(NOTICE FOR AUDIENCE):

1. 如遇不可抗力因素造成时间推移、延时或取消, 演出方将提前通知。
2. 每券一人, 对号入座, 进场一次有效, 无副券作废。
3. 请妥善保管, 请勿于信息处涂改、折叠、损坏, 否则造成无法识别而无法入场, 由持券者承担责任。
4. 请观众着装整洁, 服务现场工作人员管理, 依次入场。
5. 请自觉接受安全检查, 严禁携带危险物品入场。
6. 场内严禁吸烟、禁止踩踏座椅、禁止投掷物品、禁止翻越隔离设施。
7. 迟到观众请适时入场, 请勿妨碍他人观看演出。
8. 请勿在通道内滞留, 请勿场内大声喧哗, 请将手机调至静音状态。
9. 观看结束后, 请观众有序退场, 请勿滞留。

服务热线: 0000-00000000

nipio.com
扫二维码
更多资讯
SCAN
QR CODE

해석

앞

2088년 OO시 제O회 축구 경기

입장권
ADMISSION TICKET

장소: OO시 OO체육관
시간: 2088년 6월 20일(목요일)
　　　　15:30~17:30
좌석: 구역 열 번

뒤 공지

1. 본 경기는 불가항력적인 요인으로 시간이 미루거나 연장되거나 취소될 수 있으며 주최측은 미리 시간을 공지합니다.
2. 각 입장권은 1인 1매이며, 좌석 번호에 맞추어 앉아야 하고, 입장 후 1회만 유효하고 재입장 할 수 없으며, 예비표(副券)가 없으면 무효입니다.
3. 입장권은 잘 보관하여야 하며 정보가 있는 곳은 덧칠하거나, 접거나, 훼손시키지 말아야 하며, 인식이 불가능할 경우에는 입장할 수 없고, 소지자가 모든 책임을 집니다.
4. 관중은 청결을 유지하고, 현장 직원들의 관리를 따르며 순서대로 입장합니다.
5. 자발적으로 안전 검사를 받으며 위험물을 소지하고 입장하는 것을 금지합니다.
6. 경기장에서 흡연, 좌석 밟는 것, 물품 투척, 가림막 뛰어넘는 것 등은 일체 금지합니다.
7. 늦게 도착한 관중은 적절한 시간에 입장을 하며 타인의 관람에 영향을 주어서는 안 됩니다.
8. 복도에 장시간 머무르거나, 경기장 내에서 큰 소리를 질러서는 안 되며, 휴대폰은 무음을 유지해야 합니다.
9. 경기 관람을 마친 후 질서 정연하게 퇴장하고, 경기장에 머물러서는 안 됩니다.

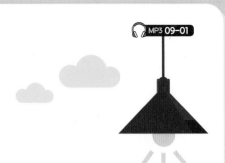

09

旅行

○ 학습 목표   여행에 관련된 다양한 표현과 내용을 이해하고 활용할 수 있다.

○ 학습 내용   **1.** 여행 관련 표현   **2.** 说不定

跟团游
패키지여행

自驾游
자동차 여행

少数民族
소수민족

背包游
배낭여행

생각해 봐요!

想一想!

다음 상황을 중국어로 생각해 보세요.

최지민
한쉐, 너 이번 여름 방학 때 어디로 여행 갈지 생각해 봤어?

한쉐
우리 남쪽 지방에 가 보는 것 어때?

최지민
거기 많은 소수 민족이 산다고 들었어, 그러니?

한쉐
그럼, 게다가 경치도 정말 아름다워, 단지 베이징에서 좀 멀리 떨어져 있어.

최지민
멀면 멀라지 뭐, 여행 도중에 또 많은 서프라이즈가 있을지 몰라.

한쉐
그것도 그렇네, 제일 좋은 경치는 사실 모두 길에 있어.

최지민
여름 방학 때는 사람이 많으니까 우리 지금 바로 항공권 예매하자.

한쉐
너 자유여행하고 싶은 모양이네? 패키지로 가고 싶지 않아?

최지민
도착해서 다시 현지 패키지 신청하는 것은 어때?

한쉐
너 정말 경험이 많아 보인다! 우리 인터넷에서 잘 검색해 보자.

최지민
응, 게다가 요즘은 인터넷에서 항공권과 호텔 예약하는 것 정말 편리해.

한쉐
맞아, 그럼 우리 빨리 일정 정하자!

요즘 전 세계 다양한 곳으로 여행하는 사람들이 늘어나고 있습니다. 여러분은 어떤 방식의 여행을 선호하나요? 여행과 관련된 다양한 표현을 활용할 수 있도록 열심히 공부해 보세요.

본문 ① 대화하기

여행을 주제로 한 대화입니다. 뜻을 생각하며 읽어 보세요.

MP3 09-02

崔智敏   小雪，你想好这个暑假去哪儿旅行了吗？

韩雪   咱们去南方看看怎么样？

崔智敏   听说那儿住着很多少数民族，是吗？

韩雪   是啊，而且风景也特别美，就是离北京远了点儿。

崔智敏   远就远呗❶，路上说不定❷还会有很多惊喜呢！

韩雪   说的也是，最好的风景啊，其实都在路上。

崔智敏   暑假人多，咱们现在就订机票吧！

韩雪   看来你是想自由行喽？不想跟团吗？

崔智敏   到了以后再❸报个当地的团怎么样？

韩雪   行，看样子❹你很有经验❺啊！咱们得先在网上搜一搜吧？

崔智敏   是的。而且现在网上预订机票和酒店也都很方便。

韩雪   没错，那咱俩快点儿定行程吧！

본문 ② 읽어 보기

이 과의 주제와 관련된 내용의 평서문입니다. 뜻을 생각하며 읽어 보세요.

MP3 09-03

　　最近，越来越多的人喜欢上了旅行。除了跟团游以外，选择背包游和自驾游的年轻人也越来越多了。一场说走就❻走的旅行，常常能让人得到许多美丽的惊喜，感动的瞬间。旅途中遇到的每一个人，每一件事，每一个美丽的景色，都有可能成为一生中最难忘的记忆。

문법 Tip!

❶ '동사/형용사＋就＋동사/형용사＋呗'는 '～해도 상관없다', '～해도 괜찮다'라는 의미를 나타낸다.

❷ 说不定은 '확실하게 단언하기 어렵다', '～일지도 모른다'의 의미이다.

❸ '동사＋了……再……' 구조는 첫 번째 동사의 동작이 일어난 후 두 번째 동사가 나타날 것이라는 의미이다.

❹ 看样子는 看과 样子가 결합된 구조로 '추측해 보니', '상황을 보니' 등의 의미를 나타낸다.

❺ '有＋명사' 구조는 很, 挺, 最 등 정도부사의 수식을 받으면 어떤 사람, 사물, 사건 등에 대한 평가를 나타낸다.

❻ '说……就……' 구조는 '～라고 말하고 바로 ～를 하다'의 의미로 회화에서 자주 사용한다.

발음 Tip!

❶ 看样子你很有经验啊에서 你很有는 3성 세 개가 연이어 나오는데 정상 속도일 겨우 3성 2성+3성으로 발음한다.

❷ 咱们得现在网上搜一搜吧에서 得는 조동사이므로 děi로 발음한다.

본문에 나온 새 단어입니다. 글자, 한어병음, 뜻을 모두 익히세요.　MP3 09-04

□ **南方** nánfāng 명 남쪽, 남방

□ **少数** shǎoshù 명 소수

□ **民族** mínzú 명 민족

□ **风景** fēngjǐng 명 경치, 풍경

□ **美** měi 형 아름답다

□ **呗** bei 조 ~할 뿐이다

□ **说不定** shuōbudìng 부 아마도

□ **惊喜** jīngxǐ 명 놀람과 기쁨

□ **订** dìng 동 예약하다

□ **自由行** zìyóuxíng 동 자유여행을 하다
　　 명 자유여행

□ **喽** lou 조 了와 같은 용법으로 가정이나
　　 예상을 나타낼 때 쓰임

□ **跟团** gēntuán 동 패키지여행을 하다
　　 명 패키지여행

□ **报** bào 동 신청하다, 알리다

□ **当地** dāngdì 명 현지, 현장

□ **团** tuán 명 단체

□ **样子** yàngzi 명 모양

□ **经验** jīngyàn 명 경험 동 경험하다

□ **预订** yùdìng 동 예약하다 명 예약

□ **酒店** jiǔdiàn 명 호텔

□ **俩** liǎ 수량 두 개, 두 사람

□ **行程** xíngchéng 명 일정

□ **除了** chúle 전 ~를 제외하고

□ **跟团游** gēntuányóu 명 패키지여행

□ **以外** yǐwài 명 이외

□ **背包游** bēibāo yóu 명 배낭여행

□ **自驾游** zìjiàyóu 동 자동차 여행을 하다
　　 명 자동차 여행

□ **场** chǎng 양 장소나 장면을 나타내는 단위

□ **许多** xǔduō 형 많은

□ **美丽** měilì 형 아름답다

□ **瞬间** shùnjiān 명 순간

□ **旅途** lǚtú 명 여정, 여행 도중

□ **遇** yù 동 만나다

□ **景色** jǐngsè 명 경치, 풍경

□ **成为** chéngwéi 동 ~로 되다

□ **一生** yìshēng 명 일생, 평생

□ **记忆** jìyì 명 기억 동 기억하다

배워 봐요!

学一学!

초중급 단계에서 꼭 필요한 주요 문법입니다. 반복하여 학습하세요.

01 远就远呗

 MP3 09-05

- 안 가면 안 가는 거지, 마침 나도 가고 싶지 않아.
- 가면 가지 뭐, 여기에 있어도 아무 재미 없어.
- 먹고 싶으면 먹어 나한테 또 많이 있어.
- 못생겼으면 못생긴 거지 뭐, 그 사람은 좋아할 지도 몰라.

不去就不去呗，正好我也不想去。

走就走呗，在这儿也没什么意思。

想吃就吃呗，我这儿还有好多呢。

难看就难看呗，说不定他会喜欢呢。

'동사/형용사＋就＋동사/형용사＋呗'는 '~해도 상관없다', '~해도 괜찮다'라는 의미를 나타낸다.

02 路上说不定还会有很多惊喜呢!

 MP3 09-06

- 네가 모두 알지도 몰라.
- 네가 잘못 들었을 수도 있지.
- 그 사람이 내일 올지도 몰라.
- 그 사람은 언제 중국에 갈지 몰라.

说不定你都认识呢。

说不定你听错了呢。

说不定他明天就会来。

他说不定什么时候去中国。

说不定은 '확실하게 단언하기 어렵다', '~일지도 모른다'의 의미로 주어 앞이나 술어 앞에 올 수 있으며 说不定 사이에 다른 성분이 들어갈 수 없다.

03 到了以后再报个当地的团怎么样?

• 밥 먹고 난 후에 가자.	吃了饭再走吧。
• 공항에 도착한 후에 우리 뭐 먹자.	到了机场咱们再吃东西。
• 앞으로 시간이 생기면 내가 다시 너한테 말할게.	以后有了时间我再跟你说吧。
• 내가 사무실에 도착한 후 너에게 전화할게.	我到了办公室再给你打电话吧。

'동사+了……再……' 구조는 첫 번째 동사의 동작이 일어난 후 두 번째 동사가 나타날 것이라는 의미이다.

04 看样子你很有经验啊!

• 비가 멈추지 않을 모양새야.	看样子雨不会停。
• 보아하니 그 사람 나이가 많지 않은 것 같아.	看样子他年纪不大。
• 그 사람 괜찮은 것 같아.	看样子他这个人不错。
• 보아하니 그녀는 오늘 오지 않을 것 같아.	看样子她今天不会来了。

看样子는 看과 样子가 결합된 구조로 '모양을 보다', 즉 '추측해 보니', '상황을 보니' 등의 의미를 나타낸다.

단어 停 tíng 동 서다, 멈추다

05 看样子你很有经验啊!

🎧 MP3 09-09

• 그 사람 형은 돈이 많아.

他哥哥很有钱。

• 나는 한자에 흥미가 있어.

我对汉字很有兴趣。

• 이 방면에 나는 경험이 있어.

这方面我很有经验。

• 나는 이 프로그램에 문화가 많이 들어 있다고 생각해.

我觉得这个节目很有文化。

'有+명사' 구조는 很, 挺, 最 등의 정도부사의 수식을 받을 수 있는데 이때는 어떤 사람, 사물, 사건 등에 대한 평가를 나타낸다.

단어 方面 fāngmiàn 명 방면, 분야 | 节目 jiémù 명 프로그램

06 一场说走就走的旅行, 常常能让人得到许多美丽的惊喜

🎧 MP3 09-10

• 우리 한다면 해, 얼른 시작하자.

咱说干就干，赶快开始吧。

• 너도 너무 멋대로야, 간다고 하고 바로 가니?

你也太任性了，说走就走了?

• 안 간다고 하면 안 가, 너도 나한테 권할 필요 없어.

说不去就不去，你也不用劝我了。

• 안 한다면 안 해, 그 사람이 얼마를 주든 상관 안 해.

说不干就不干，不管他给多少钱。

'说……就……' 구조는 '～라고 말하고 바로 ～를 하다'의 의미로 회화에서 자주 사용한다.

단어 任性 rènxìng 형 제멋대로 하다 | 管 guǎn 통 간섭하다 관여하다

단어를 교체하며 문형을 익히는 연습입니다. 반복하여 읽어 보세요.

1

□ 1 2 3 4 5 🎧 MP3 09-11

说不定你都认识呢。

说不定妈妈会喜欢呢。

明天说不定天气就变好了。

他也说不定什么时候去中国。

모두 가고 싶어 할지도 몰라.

아빠가 오늘 언제 퇴근할지 몰라.

지금은 아직 분명히 말할 수 없어.

나도 앞으로 어디에 가서 생활할지 몰라.

2

□ 1 2 3 4 5 🎧 MP3 09-12

吃了饭再走吧。

以后有时间再说吧。

下了课再去图书馆吧。

我到了办公室再给你打电话吧。

이 커피 다 마시고 가자.

영화 다 본 후에 밥 먹자.

대학 졸업 후에 일자리 찾자.

네가 중국에 도착한 후에 내게 사 줘.

단어 毕业 biyè 명동 졸업(하다)

3

MP3 09-13

看样子他年纪不大。

看样子今天不会下雨。

看样子她今天不会来了。

看样子你们俩是好朋友啊。

보니까 그 사람 힘든 것 같아.

보니까 그 사람 아직 대학생인 것 같아.

보니까 그 사람 이번 주말에 바쁠 것 같아.

보니까 그 사람도 갈 생각이 아닌 것 같아.

4

MP3 09-14

没想到他们的计划说变就变了。

这么贵的东西，哪能说买就买！

说办就办，你放心，我会给你办好的。

这是他送给我的礼物，怎么能说扔就扔呢！

우리 한다면 해, 얼른 시작하자.

너도 너무 멋대로야, 간다고 하고 바로 가니?

안 간다고 하면 안 가, 너도 나한테 권할 필요 없어.

안 한다면 안 해, 그 사람이 얼마를 주든 상관 안 해.

본문을 응용한 회화 연습입니다. 뜻을 생각하며 읽어 보세요.

🎧 MP3 09-15

1

A 你去北京的行程定好了吗?
Nǐ qù Běijīng de xíngchéng dìnghǎo le ma?

B 差不多都定好了。
Chàbuduō dōu dìnghǎo le.

> 定 dìng은 '확정하다'이고, 订 dìng은 '예약하다'입니다. 그러므로 定好了와 订好了는 각각 '확정하였다', '예약했다'의 의미입니다.

2

A 这次你打算自由行还是跟团游?
Zhè cì nǐ dǎsuàn zìyóuxíng háishi gēntuányóu?

B 我打算报个团。
Wǒ dǎsuàn bào ge tuán.

3

A 你在网上搜到最低价了吗?
Nǐ zài wǎngshàng sōudào zuì dījià le ma?

B 搜到了。
Sōudào le.

4

A 越来越多的年轻人喜欢上了自驾游。
Yuè lái yuè duō de niánqīngrén xǐhuan shàngle zìjiàyóu.

B 是啊，路上也能遇到很多美景呢。
Shì a, lùshang yě néng yùdào hěn duō měijǐng ne.

단어 报 bào 图 신청하다 | 低价 dījià 명 저가 | 美景 měijǐng 명 아름다운 풍경

여행과 관련한 성어 표현입니다. 알맞은 상황에서 잘 활용해 보세요.

MP3 09-16

古香古色
gǔ xiāng gǔ sè
고풍스러운 분위기

在家千日好，出门万事难。
Zài jiā qiān rì hǎo, chūmén wànshì nán.
집 떠나면 고생이다.
(집에 있으면 천 일이 좋고,
문을 나서면 만 가지 일이 어렵다.)

桂林山水甲天下。
Guìlín shānshuǐ jiǎ tiānxià.
계림 경치가 천하제일이다.

上有天堂，下有苏杭。
Shàng yǒu tiāntáng, xià yǒu Sū Háng.
소주와 항주의 경치가 매우 좋다.
(하늘에는 천국이 있고, 땅에는 소주와 항주가 있다.)

五岳归来不看山，黄山归来不看岳。
Wǔ yuè guīlái bú kàn shān,
Huángshān guīlái bú kàn yuè.
황산의 경치가 매우 훌륭하다.
(오악에서 돌아와서 산을 보지 않고,
황산에서 돌아와서 악을 보지 않네.)

不到长城非好汉。
Bú dào Chángchéng fēi hǎohàn.
만리장성에 가지 않으면 대장부라고 할 수 없다.

자주 활용할 수 있는 문장입니다. 100문장 암기를 목표로 외워 보세요.　　🎧 MP3 09-17

81 听说那儿住着很多少数民族。

82 风景也特别美，就是离北京远了点儿。

83 远就远呗。

84 路上说不定还会有很多惊喜呢！

85 最好的风景啊，其实都在路上。

86 到了以后再报个当地的团怎么样？

87 不想跟团吗？

88 看样子你很有经验啊！

89 越来越多的人喜欢上了旅行。

90 旅途中遇到的每一个景色都有可能成为一生中最难忘的记忆。

벌써 90문장이 술술!

81	82	83	84	85	86	87	88	89	90
✓									

开心一下!

즐겨 보나요!

走遍中国、走遍世界 중국으로, 세계로

○○旅游✈

| 首页 | 酒店 | 旅游 | 跟团 | 自由行 | 机票 | 火车 | 汽车 | 船 | 用车 | 门票 | 攻略 | 全球购 |

国内酒店 ｜ 海外酒店

搜索国内酒店

● 酒店 　● 酒店+景点 　● 客栈民宿

目的地 　〔　　　　　〕

入住日期 〔　　　　　〕

退房日期 〔　　　　　〕

房间数 〔　▼〕 住客数 〔　　　▼〕 ❔

酒店星级 〔　　　　　〕

关键词 〔　　　　　〕

2022
囤货节

12.12

年终疯抢

预售价更低

해석

| 홈 | 호텔 | 관광 | 패키지 여행 | 자유 여행 | 항공권 | 기차 | 자동차 | 배 | 렌트 | 입장권 | 공략 | 지구촌 쇼핑 |

국내 호텔 ｜ 해외 호텔

국내 호텔 검색

● 호텔 　● 호텔+관광 　● 여관

목적지 　〔　　　　　〕

입실일 　〔　　　　　〕

퇴실일 　〔　　　　　〕

객실 수 〔　▼〕 투숙객 수 〔　　　▼〕 ❔

호텔 등급 〔　　　　　〕

키워드 〔　　　　　〕

2022
사재기 축제

12.12

연말 대구매

예약가는 더 쌉니다

10

就业

○ 학습 목표   취업과 관련된 다양한 표현과 내용을 이해하고 활용할 수 있다.

○ 학습 내용   **1.** 취업 관련 표현   **2.** 跟……有关

IT行业
IT 업종

考公务员
공무원 시험을 보다

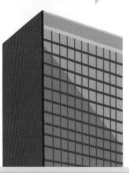

面试
면접시험

资格证
자격증

생각해 봐요!

想一想!

다음 상황을 중국어로 생각해 보세요.

최지민
한쉐, 너 요즘 아직 일자리 구하느라 바쁜 거야?

한쉐
응, 어제도 면접 하나 보러 갔어.

박명호
한국에서는 젊은이들이 직업을 구하는 것도 쉽지 않아.

최지민
요즘 대학생은 모두 유명한 대기업에 가고 싶어 하는데, 이것도 문제야.

가오펑
능력, 학력, 자격증, 어느 것 하나도 부족해서는 안 돼.

박명호
요즘 공무원과 교사도 굉장히 인기 있다고 들었어.

한쉐
그건 완전히 철밥통이니까!

가오펑
하지만 지금 공무원 시험 보는 사람이 너무 많아.

최지민
내가 말하는데 한쉐, 너 어떤 일 구하고 싶어?

한쉐
나는 IT 업종과 관계있는 일자리를 구하고 싶어.

박명호
난 네가 반드시 구할 수 있을 거라고 믿어.

구직 활동을 할 때 가능한 상황을 고려하여 다양한 표현이 제시되어 있습니다. 상황에 맞추어 말할 수 있도록 열심히 공부해 보세요.

본문 ① 대화하기

취업을 주제로 한 대화입니다. 뜻을 생각하며 읽어 보세요.

🎧 MP3 10-02

崔智敏　　小雪，你最近还在忙着找工作吗？

韩雪　　　是啊，昨天还去参加了一个面试呢。

朴明浩　　在韩国，年轻人找工作也不容易。

崔智敏　　现在的大学生都想去有名的大公司，这也是一个问题。

高朋　　　能力、学历、资格证，少了①哪一个都不行。

朴明浩　　听说最近公务员和教师也挺热门②的。

韩雪　　　那可是铁饭碗啊！

高朋　　　不过现在考公务员的人也太多了。

崔智敏　　我说小雪，你想找个什么样的工作啊？

韩雪　　　我想找个跟IT行业有关③的工作。

朴明浩　　我相信你一定能找到。

본문 ② 읽어 보기

본문의 대화를 평서문으로 옮긴 것입니다. 뜻을 생각하며 읽어 보세요.

🎧 MP3 10-03

　　说起来❹你可能会不相信，社会在进步，科学在发展，几十年以后，一些我们很熟悉的职业可能就会慢慢儿消失了。就像我们现在已经看不到❻打字员、电话接线员等这些职业一样❺。有人说，像司机、银行员这样的职业，以后也会逐渐消失。但是，一些需要创意或需要分析的职业，则会受到越来越多的关注。

🔑 문법 Tip!

❶ '少了+수량사' 구조로 '숫자가 적다' 혹은 '숫자가 모자라다'라는 의미이다.

❷ 热门은 '유행하다' 혹은 '인기 있다' 등의 의미를 나타낸다.

❸ 'A跟B有关' 구조로 'A가 B와 관계가 있다'라는 의미를 나타낸다.

❹ '동사+起来' 구조로, 삽입어가 되거나 문장 앞에 위치하면, 어떤 측면에서의 의미를 고려하거나 생각한다는 뜻으로 '~하기에는'의 의미이다.

❺ '像+명사+一样' 구조는 두 사물이 비교적 많은 공통점이 있음을 나타내며, '마치 ~처럼'의 의미이다.

❻ '동사+不到' 구조는 가능보어문으로 동사의 결과를 실현할 수 없음을 나타낸다.

👄 발음 Tip!

❶ 说起来에서 起来는 모두 경성으로 발음한다.

❷ 慢慢儿의 표기는 mànmànr이고 실제 mànmār로 발음한다.

본문에 나온 새 단어입니다. 글자, 한어병음, 뜻을 모두 익히세요.　🎧 MP3 10-04

□ **面试** miànshì 명동 면접시험(을 보다)

□ **容易** róngyì 형 쉽다

□ **有名** yǒumíng 형 유명하다

□ **能力** nénglì 명 능력

□ **学历** xuélì 명 학력

□ **资格证** zīgézhèng 명 자격증

□ **公务员** gōngwùyuán 명 공무원

□ **教师** jiàoshī 명 교사

□ **热门** rèmén 형 인기 있다　명 인기 있는 것

□ **铁饭碗** tiěfànwǎn 명 철밥통

□ **行业** hángyè 명 업종

□ **有关** yǒuguān 동 관계있다

□ **相信** xiāngxìn 동 믿다

□ **社会** shèhuì 명 사회

□ **进步** jìnbù 동 발전하다　명 발전, 진보

□ **科学** kēxué 명 과학

□ **发展** fāzhǎn 명 발전　동 발전하다

□ **熟悉** shúxī 형 익숙하다

□ **职业** zhíyè 명 직업

□ **慢** màn 형 느리다

□ **消失** xiāoshī 동 사라지다, 없어지다

□ **像** xiàng 부 마치 ~처럼

□ **打字员** dǎzìyuán 명 타이피스트 (typist)

□ **接线员** jiēxiànyuán 명 전화 교환원

□ **一样** yíyàng 형 같다

□ **逐渐** zhújiàn 부 점점, 점차

□ **创意** chuàngyì 명 새로운 생각, 창의

□ **分析** fēnxī 명 분석　동 분석하다

□ **则** zé 접 오히려, 그러나

□ **关注** guānzhù 동 주목하다

배워 봐요!

学一学!

초중급 단계에서 꼭 필요한 주요 문법입니다. 반복하여 학습하세요.

01 能力、学历、资格证，少了哪一个都不行 MP3 10-05

• 우리 여기에 탁자 하나가 적어.	我们这儿少了一张桌子。
• 딱 한 명이 없는데, 어디로 갔는지 모르겠어.	就少了一个人，不知到哪儿去了。
• 의자 하나가 없어, 모두 세 분의 손님이 오셨어.	少了一把椅子，一共来了三位客人呢。
• 컵 두 개가 모자라. 우리에게 컵 두 개 더 줘.	少了两个杯子，再给我们两个杯子吧。

'少了＋수량사' 구조로 '숫자가 적다' 혹은 '숫자가 모자라다'라는 의미이다.

단어 把 bǎ 窗 자루가 있는 물건을 세는 단위 | 客人 kèrén 窗 손님

02 听说最近公务员和教师也挺热门的

• 요즘 이 화제가 인기 있어.	最近这个话题很热门。
• 이것은 인기 있는 전공이야.	这是一个很热门的专业。
• 초등학교 교사는 인기 있는 직업이에요?	小学教师是一个热门职业吗?
• 이곳은 인기 있는 관광지로 바뀌었어.	这个地方变成了一个热门的景点。

热门은 '유행하다' 혹은 '인기 있다' 등의 의미를 나타낸다.

단어 话题 huàtí 窗 화제 | 专业 zhuānyè 窗 전공 | 景点 jǐngdiǎn 窗 경치가 좋은 곳, 명소

03 我想找个跟IT行业有关的工作

- 이 일은 나하고만 관계가 있어.
- 그는 무역과 관계있는 일을 하고 있어.
- 전 중국어와 관련이 있는 직업을 찾고 싶어요.
- 우리 문화와 관련 있는 문제를 논의하도록 합시다.

这件事只跟我有关。

他在做跟贸易有关的工作。

我想找份跟汉语有关的工作。

我们讨论一下跟文化有关的问题。

'A跟B有关' 구조로 'A가 B와 관계가 있다'라는 의미를 나타낸다.

단어 贸易 màoyì 몡 무역, 매매 | 份 fèn 떙 업무나 직업을 세는 단위 | 讨论 tǎolùn 됭 토론하다

04 说起来你可能会不相信

- 이 일은 듣기에 이상해.
- 보기에 너는 미국을 별로 가고 싶어 하지 않는 것 같아.
- 말하기 정말 미안한데, 나 또 잊어버렸어.
- 그 사람이 만약 물으면, 너는 모른다고 말해.

这件事听起来很奇怪。

看起来你不太想去美国。

说起来真不好意思，我又忘了。

他要是问起来，你就说不知道。

'동사+起来' 구조로, 삽입어가 될 때 혹은 문장 앞에 위치할 때 어떤 측면에서의 의미를 고려하거나 생각한다는 뜻이다.

05 就像我们现在已经看不到打字员、电话接线员等这些职业一样

MP3 10-09

- 그녀의 얼굴이 사과처럼 귀여워.
- 네 딸은 너처럼 똑똑해.
- 아빠처럼 그 사람도 책 보는 것을 좋아해.
- 어제처럼 오늘도 비가 하루 종일 내렸어.

她的脸像红苹果一样可爱。

你的女儿就像你一样聪明。

像爸爸一样，他也很喜欢看书。

像昨天一样，今天也下了一天的雨。

'像＋명사＋一样' 구조는 두 사물이 비교적 많은 공통점이 있음을 나타내며, '마치 ～와 같다'의 의미이다.

단어 女儿 nǚ'ér 명 딸

06 就像我们现在已经看不到打字员、电话接线员等这些职业一样

MP3 10-10

- 너 큰 소리로 해, 내가 들을 수가 없어.
- 이런 휴대전화는 지금 이미 볼 수 없게 되었어.
- 이런 커피는 슈퍼마켓에서 살 수가 없어.
- 앞으로 넌 그 사람처럼 이렇게 좋은 사람을 찾을 수 없어.

你大声点儿，我听不到。

这种手机现在已经看不到了。

这种咖啡，在超市买不到。

以后你找不到像他这么好的人。

'동사＋不到' 구조는 가능보어문으로 동사의 결과를 실현할 수 없음을 나타낸다. 이 때 동사는 중첩해서는 안 되고, 동사 뒤에 了, 着, 过가 올 수도 없다. 긍정형은 '能＋동사＋到' 혹은 '동사＋得到'로 나타낸다.

단어 大声 dàshēng 형 소리를 크게 하다

연습해 봐요!

단어를 교체하며 문형을 익히는 연습입니다. 반복하여 읽어 보세요.

1 ⟨1⟩⟨2⟩⟨3⟩⟨4⟩⟨5⟩ 🎧 MP3 10-11

这件事只跟我有关。

我想找份跟汉语有关的工作。

你多看一些跟历史有关的书。

这是一个跟宗教有关的故事。

이 일이 그 사람과 관계가 있어?

이것은 무역과 관계있는 일이야.

그 사람은 그 사람의 전공과 관련 있는 책을 많이 읽었어.

나는 그녀가 틀림없이 이 일과 관련이 있다고 생각해.

2 ⟨1⟩⟨2⟩⟨3⟩⟨4⟩⟨5⟩ 🎧 MP3 10-12

他开心地笑了起来。

他们都开始唱了起来。

他要是问起来，你就说不知道。

说起来真不好意思，我又忘了。

듣기는 쉬운데, 하기는 어려워.

하늘에서 갑자기 비가 내리기 시작했다.

강아지 두 마리가 갑자기 싸우기 시작했다.

말하면 너는 아마 웃긴다고 생각할 수 있을 거야.

단어 宗教 zōngjiào 몡 종교 | 故事 gùshi 몡 이야기

단어 打 dǎ 동 싸우다, 때리다 | 好笑 hǎoxiào 혱 우습다, 가소롭다

3

1 2 3 4 5 MP3 10-13

她的脸像红苹果一样可爱。

他的心胸像大海一样宽广。

你的女儿就像你一样聪明。

这个孩子像他爸爸一样喜欢看书。

그들 두 사람은 친형제 같아.

우리는 마치 오랜 친구 같아.

그는 젊은 사람처럼 인터넷 하는 것을
좋아해.

그 사람은 나를 보고는 마치 낯선 사람을 본
것처럼 했다.

단어 心胸 xīnxiōng 몡 마음 | 大海 dàhǎi 몡 바다 |
宽广 kuānchǎng 휑 넓다 | 亲 qīn 몡 직계 |
老 lǎo 휑 오래된

4

1 2 3 4 5 MP3 10-14

你大声点儿，我听不到。

你不用担心找不到工作。

有的事情是你想象不到的。

这种手机现在已经看不到了。

가도 어떤 것도 배울 수 없어.

이런 음식은 중국에서 먹을 수 없어.

이 책은 지금 이미 살 수 없게 되었어.

이런 문은 중국에서 이미 볼 수 없게 되었어.

단어 想象 xiǎngxiàng 동 상상하다

본문을 응용한 회화 연습입니다. 뜻을 생각하며 읽어 보세요.

MP3 10-15

1

A 听说你最近在考公务员?
Tīngshuō nǐ zuìjìn zài kǎo gōngwùyuán?

B 是啊，忙死了。
Shì a, mángsǐ le.

'형용사+死了'는 '~해 죽을 지경이다'라는 의미입니다.

예) 累死了!
热死了!

2

A 你想找份什么样的工作?
Nǐ xiǎng zhǎo fèn shénme yàng de gōngzuò?

B 跟教育行业有关的就行。
Gēn jiàoyù hángyè yǒuguān de jiù xíng.

份 fèn은 업무나 직업에 대한 양사입니다.

行业의 行은 háng으로 발음하는 것에 유의하세요.

3

A 小王，听说你有好几个资格证啊!
Xiǎo Wáng, tīngshuō nǐ yǒu hǎo jǐ ge zīgézhèng a!

B 哪里啊，还想再考几个呢。
Nǎlǐ a, hái xiǎng zài kǎo jǐ ge ne.

好 hǎo는 '매우'라는 의미의 부사로 사용되었습니다.

4

A 你觉得这个行业怎么样?
Nǐ juéde zhège hángyè zěnmeyàng?

B 我觉得会越来越受关注的。
Wǒ juéde huì yuè lái yuè shòu guānzhù de.

숲는 가능성을 나타내고, '숲……的'는 가능성에 매우 확신이 있을 경우에 사용합니다.

단어 教育 jiàoyù 명동 교육(하다)

더 높이 날아 봐요! 更上一层楼!

직업 및 일과 관련한 성어 표현입니다. 알맞은 상황에서 잘 활용해 보세요. MP3 10-16

毛遂自荐
máosuì-zìjiàn
자신이 직접 자신을 추천하다
(모수가 스스로 추천하다)

三百六十行，行行出状元。
Sānbǎi liùshí háng,
háng háng chū zhuàngyuán.
수많은 분야 모두 전문가가 있다.
(360개 분야, 업종마다 장원이 난다.)

干一行，爱一行。
Gàn yì háng, ài yì háng.
하는 일을 좋아한다.

万事开头难。
Wànshì kāitóu nán.
모든 일은 시작이 어렵다.

熟能生巧，巧能生精。
Shú néng shēng qiǎo,
qiǎo néng shēng jīng.
익숙해지면 기교가 생기고,
기교는 최고 기술을 만들어 낸다.

世有伯乐，然后有千里马。
Shì yǒu Bólè,
ránhòu yǒu qiānlǐmǎ.
세상에 백락이 있은 후에 천리마가 생겼다.

외워 봐요!

背一背!

자주 활용할 수 있는 문장입니다. 100문장 암기를 목표로 외워 보세요.

MP3 10-17

91 昨天还去参加了一个面试呢。

92 年轻人找工作也不容易。

93 少了哪一个都不行。

94 听说最近公务员也挺热门的。

95 那可是铁饭碗啊!

96 你想找个什么样的工作啊?

97 我对IT行业更感兴趣。

98 我相信你一定能找到。

99 说起来你可能会不相信。

100 有一些职业可能就会慢慢儿消失了。

벌써 100문장이 술술!
| 91 | 92 | 93 | 94 | 95 | 96 | 97 | 98 | 99 | 100 |
| ✓ | | | | | | | | | |

公司简介 회사 간략 소개

汉语之神公司 简介

来"汉语之神"成为"汉语之神"

"汉语之神"成立于2020年，是一家面向大学生及社会各阶层人士的汉语教育培训机构。培训对象主要为韩国人，秉持"让学汉语的韩国人更上一层楼"的理念，高效真诚地为您提供全方位服务。

해석

㈜중국어의 신 소개

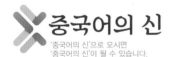

'중국어의 신'으로 오시면
'중국어의 신'이 될 수 있습니다.

'㈜중국어의 신'은 2020년에 설립되었으며, 대학생 및 사회 각층의 인사를 대상으로 하는 중국어 교육 기관입니다. 교육 대상은 주로 한국인이며, '중국어를 공부하는 한국인들이 높은 곳으로 날아오를 수 있도록' 최선을 다하겠습니다.

06~10

복습 2

- 핵심 문형
- 说一说
- 听一听
- 读一读
- 写一写

06
A：这次期中考试考得怎么样啊？
B：最近一直忙着找工作，结果考砸了！
A：期末考试还有一次机会呢。
B：说的也是。其实这次考试我也没考好，才考了八十五分。

07
A：你看，好像每个座位上都有一件小礼物呢。
B：是啊，新人一般都会在里面放一些喜糖，向客人表示感谢。
A：怪不得以前有位中国朋友问我姐姐"什么时候吃你的喜糖啊"，原来是想问她"什么时候结婚"呢。
B：对啊。听说他们明天就要出发去度蜜月呢！

08
A：咱们一起去给两个队加加油。
B：好啊！不过我买的是折扣票，位置不太好。
A：没关系。总比在家看电视直播有意思啊。
B：那可不！咱可以去好好儿感受一下现场气氛。

09
A：听说南方住着很多少数民族，是吗？
B：是啊，而且风景也特别美，就是离北京远了一点儿。
A：远就远呗，路上说不定还会有很多惊喜呢！
B：说的也是，最好的风景啊，其实都在路上。

10
A：昨天我还去参加了一个面试呢。
B：在韩国，年轻人找工作也不容易。
A：现在的大学生都想去有名的大公司，这也是一个问题。
B：能力、学历、资格证，少了哪一个都不行。

다음 그림을 보고 상황에 어울리게 대화를 만들어 보세요.

1.

A : _____

B : _____

A : _____

B : _____

2.

A : _____

B : _____

A : _____

B : _____

3.

A : _____

B : _____

A : _____

B : _____

4.

A : _____

B : _____

A : _____

B : _____

5.

A : _____

B : _____

A : _____

B : _____

녹음을 듣고 (1)의 질문에 맞으면 O, 틀리면 X를, (2)의 질문에 알맞은 답을 고르고, (3)의 질문에 중국어로 답하세요.

 MP3 f02-02

1. (1) 判断对错：女的平时学习也很努力。　　　　　　　（　　　）

   (2) 男的这次考试考得不错的原因中哪一项不正确：　（　　　）

   　　A 平时好好儿学习　　B 开夜车　　C 做好笔记　　D 好好儿复习

   (3) 问：女的觉得这次考试没考好的原因是什么？

   　　答：＿＿＿＿＿＿＿＿＿＿＿＿＿＿＿＿＿＿

2. (1) 判断对错：男的打算今年结婚。　　　　　　　　　（　　　）

   (2) 男的打算怎么结婚：　　　　　　　　　　　　　　（　　　）

   　　A 两个人在一起　　B 办婚礼　　C 吃喜糖　　D 旅行结婚

   (3) 问：男的觉得结婚时什么最重要？

   　　答：＿＿＿＿＿＿＿＿＿＿＿＿＿＿＿＿＿＿

3. (1) 判断对错：下个周末有韩中足球比赛。　　　　　　（　　　）

   (2) 他们为什么想去现场看比赛：　　　　　　　　　　（　　　）

   　　A 赛场不远　　B 他们有门票　　C 能感受现场气氛　　D 门票不贵

   (3) 问：男的为什么让女的不用担心？

   　　答：＿＿＿＿＿＿＿＿＿＿＿＿＿＿＿＿＿＿

단어　赛场 sàichǎng 명 경기장

4. (1) 判断对错：男的打算这个月去美国旅行。 （　　）

   (2) 男的在哪儿预订了机票和酒店： （　　）

   　　A 网上　　B 旅行社　　C 公司　　D 当地

   (3) 问：男的为什么不打算跟团游？

   　　答：_____

5. (1) 判断对错：男的打算去参加面试。 （　　）

   (2) 女的所提到的公司要求中，哪一项是没提到的： （　　）

   　　A 外貌　　B 学历　　C 资格证　　D 能力

   (3) 问：男的在准备什么？

   　　答：_____

단어 提 tí 图 언급하다

다음 글을 읽고 해석해 보세요.

1.   上周我去参加了一个面试，那是一家跟IT行业有关的公司。为了准备面试，我连着开了几天的夜车，结果连学校的考试都没来得及准备。考试前两天才"临时抱佛脚"，考砸了不说，面试的公司也来了通知说面试没通过。以后啊，我一定要吸取教训，提前做好准备。现在的大学生真不容易，学业不能马虎，就业也得下功夫。特别是到了三、四年级，有的同学忙着找工作，有的同学忙着准备考研，大家都在为实现自己的梦想不断努力。

2.   平时我忙着学习，周末我也没闲着。上个周末，我去参加了一个中国朋友的婚礼。发现中国人参加婚礼随礼时一般会送一个红包；婚礼时新娘还会换上红色的礼服来给客人敬酒；送给客人的礼物也会装在一个红色的小包装袋里。看来中国人办喜事的时候是真的很喜欢红色呢。上上个周末我跟朋友去看了韩中足球比赛，我去现场给韩国队加了油，好好儿感受了一把现场气氛。这个周末，我打算跟朋友一起去咖啡厅好好儿做旅行计划，因为这个暑假我们要去南方旅行。

单어 为了 wèile 젠 ~를 위하여 | 通知 tōngzhī 통 통지하다 | 通过 tōngguò 통 통과하다 | 吸取 xīqǔ 통 받아들이다 | 教训 jiàoxùn 명 교훈 | 提前 tíqián 통 앞당기다 | 下工夫 xià gōngfu 공을 들이다 | 实现 shíxiàn 통 이루다 | 闲着 xiánzhe 한가하게 있다 | 随礼 suílǐ 통 부조하다 | 红包 hóngbāo 명 경사를 치를 때 주는 돈[붉은 봉투에 넣어서 줌] | 礼服 lǐfú 명 예복 | 敬酒 jìng jiǔ 통 술을 권하다 | 装 zhuāng 통 (물품을) 담다 | 包装 bāozhuāng 명통 포장(하다) | 袋 dài 명 주머니 | 喜事 xǐshì 명 경사, 혼사 | 计划 jìhuà 명통 계획(하다)

다음 문장을 중국어와 한어병음으로 쓰세요.

1. 요즘 나 계속 일자리 구하느라 바빠.

   C _____   P _____

2. 이번에 나 시험 망쳤어.

   C _____   P _____

3. 모두 밤새면서 공부해.

   C _____   P _____

4. 좋은 성적을 내려면, 평소에 많이 노력해야만 해!

   C _____   P _____

5. 나는 아직까지 중국 사람의 결혼식에 참가해 본 적이 없어.

   C _____   P _____

6. 모든 자리마다 작은 선물이 하나씩 있는 것 같아.

   C _____   P _____

7. 어쩐지 이번에 시험을 못 봤다고 했더니, 네가 열심히 복습을 안 했구나.

   C _____   P _____

8. 알고 보니 그녀가 '언제 결혼하는지'를 물어보고 싶은 거였구나.

   C _____   P _____

9. 나한테 축구 경기 입장권 두 장이 있어.

   C _____   P _____

10. 그래도 집에서 텔레비전 생중계 보는 것보다야 재미있을 거야.

    C _____   P _____

11. 너 정말 말 잘한다!

   C _____   **P** _____

12. 나는 거의 놓치지 않아.

   C _____   **P** _____

13. 경치도 정말 아름다운데, 단지 베이징에서 좀 멀어.

   C _____   **P** _____

14. 멀면 멀라지 뭐.

   C _____   **P** _____

15. 여행 도중에 또 많은 서프라이즈가 있을지 몰라!

   C _____   **P** _____

16. 가장 좋은 경치는 사실 모두 길에 있어.

   C _____   **P** _____

17. 어느 하나도 부족해서는 안 돼.

   C _____   **P** _____

18. 요즘 공무원도 엄청 인기 있다고 들었어.

   C _____   **P** _____

19. 나는 IT 업종에 더 흥미가 있어.

   C _____   **P** _____

20. 말하면 너 아마 믿지 못할 거야.

   C _____   **P** _____

부록

해석과 정답

01 中国菜
중국 음식

▶ **말해 봐요!**

본문 ①

가오펑 지민아, 너 중국 온 지 얼마나 됐어?

최지민 나 7월에 왔으니까, 거의 두 달 다 되어 가.

가오펑 넌 중국 음식 네 입맛에 맞는 것 같아?

최지민 나 중국 음식 진짜 좋아해. 한국에 있을 때도 중식당에 종종 갔어.

가오펑 그래? 그럼 너 데리고 정통 중국 음식 좀 맛 보여 줄게.

최지민 정말 잘 됐다! 쓰촨 요리와 둥베이 요리는 나 아직 먹어 본 적이 없거든.

가오펑 너 매운 것 먹을 수 있어?

최지민 당연히 먹을 수 있지. 얼얼하고 매운 쓰촨 요리는 요즘 한국에서도 정말 인기가 많아.

가오펑 그럼 잘 됐다. 학교 부근에 막 개업한 마라탕 식당이 있거든, 주말에 우리 가서 먹어 보자.

최지민 주말까지 기다리지 말고, 오늘 수업 마치고 가는 거 어때?

한어병음

高朋 Xiǎomǐn, nǐ lái Zhōngguó duō cháng shíjiān le?

崔智敏 Wǒ qī yuè lái de, chàbuduō kuài liǎng ge yuè le ba.

高朋 Nǐ juéde Zhōngguó cài hé nǐ de kǒuwèi ma?

崔智敏 Wǒ kě xǐhuan chī Zhōngguó cài le. Zài Hánguó shí wǒ yě chángcháng qù zhōngcānguǎn.

高朋 Shì ma? Nà wǒ dài nǐ qù chángchang dìdao de Zhōngguó cài ba.

崔智敏 Tài hǎo le! Sìchuān cài hé Dōngběi cài wǒ hái méi chángguo ne.

高朋 Nǐ néng chī là de ma?

崔智敏 Dāngrán néng a. Yòu má yòu là de chuāncài zuìjìn zài Hánguó yě hěn shòu huānyíng ne!

高朋 Nà zhènghǎo, xuéxiào fùjìn gāng xīn kāile yì jiā málàtàng fanguanr, zhōumò zánmen qù chángchang.

崔智敏 Bié děng zhōumò le, jīntiān xiàle kè jiù qù, zěnmeyàng?

본문 ②

우리 학교 근처에 맛있는 식당이 많이 있다. 주말에 나는 룸메이트와 종종 밥 먹으러 밖으로 나간다. 때로는 베이징 요리를 먹으러 가고, 때로는 둥베이 요리 먹으러 가고, 어떤 때는 훠궈 먹으러 가고, 어떤 때는 꼬치구이를 먹으러 간다. 중국 음식의 종류가 특히 많고, 맛도 서로 다 다르지만 거의 모든 사람이 자신의 입맛에 맞는 식당 하나쯤은 찾아낼 수 있다.

한어병음

Wǒmen xuéxiào fùjìn yǒu hěn duō hǎochī de fànguǎnr. Zhōumò shí, wǒ chángcháng gēn tóngwū yìqǐ qù wàimiàn chī fàn. Yǒushí qù chī Běijīng cài, yǒushí qù chī Dōngběi cài; yǒushí qù chī huǒguō, yǒushí qù chī kǎochuànr. Zhōngguó cài de zhǒnglèi tèbié fēngfù, wèidao yě gè bù xiāngtóng. Dàn jīhū měi ge rén dōu néng zhǎodào yì jiā hé zìjǐ kǒuwèi de fànguǎnr.

▶ **연습해 봐요!**

1 곧 추석이야.

곧 9시인데, 차가 왜 아직 안 오는 거지?

곧 설 쇠는데, 너 고향으로 돌아갈 작정이야?

곧 개학인데, 나 아직 교재를 사지 않았어.

妈妈的生日快到了。

快八点了，你该去上班了。

快到午饭时间了，一起去吃饭吧。

快十点了，爸爸怎么还没回来呢?

2 올겨울은 정말 추워.

그 사람 남동생은 공부하는 것을 정말 좋아해.

엄마가 이 선물을 정말 좋아하셔.

우리 반 친구들은 정말 노력해.

这里的东西可贵了!

他们班的老师可好了。

这种手机壳可好用了。

我妈妈做的菜可好吃了。

3 이런 휴대전화는 한국에서 인기가 많아.

그 사람은 우리 회사에서 별로 인기가 없어.

이 가수는 한국에서 인기가 많아.

설 쉴 때 이런 식품이 가장 인기 좋은 선물이라고 들었어.

他在我们班很受欢迎。

这位老师很受学生的欢迎。

这种咖啡在中国不太受欢迎。

我觉得这种活动肯定会受老年人的欢迎。

4 자기 전에 난 어떤 때는 음악 듣고, 어떤 때는 휴대전화 가지고 놀아.

나는 어떤 때는 밖에서 밥 먹고, 어떤 때는 직접 집에서 밥 해.

주말에 어떤 때는 집에서 쉬고, 어떤 때는 나가서 친구 만나.

그들은 어떤 때는 오전에 회의하고, 어떤 때는 오후에 회의해.

我们有[的]时候早上见面，有[的]时候晚上见面。

妈妈有时做中国菜，有时做韩国菜。

他们有[的]时候去美国旅行，有[的]时候去中国旅行。

下课后有时去图书馆学习，有时去咖啡馆见朋友。

▶ **묻고 답해 봐요!**

1 A 너 중국어 배운 지 얼마나 됐어?
  B 거의 1년이 다 되어 가.

2 A 이건 정통 한국 음식이야. 너 맛 좀 봐 봐.
  B 정말 맛있어!

3 A 너 언제 갈 생각이야?
  B 이 커피 마시고 바로 갈 거야.

4 A 우리 집 근처에 새로 슈퍼마켓 생겼어.
  B 그래? 가격은 어때?

▶ **외워 봐요!**

1 넌 중국 온 지 얼마나 되었어?

2 거의 두 달 다 되어 가.

3 너는 중국 음식이 네 입맛에 맞니?

4 요즘 한국에서도 인기가 많아!

5 나 중국 음식 정말 좋아해.

6 우리 정통 중국 음식 맛보러 가자.

7 나 아직 맛을 본 적이 없어.

8 쓰촨 요리는 얼얼하고 매워.

9 주말까지 기다리지 마.

10 오늘 수업 마치고 바로 가는 것 어때?

02 │ 租房
집 세들기

▶ **말해 봐요!**

본문 ①

박명호 한쉐, 어제 나 학교 근처에서 맘에 드는 집 하나 봐 뒀어.

한쉐 뭐라고? 너 학교 기숙사에서 안 살고 싶어졌어?

박명호 응, 내 룸메이트가 음악 듣는 걸 너무 좋아해. 나 정말 참을 수가 없어.

한쉐 혼자서 살면 좀 더 편하긴 할 거야.

박명호 그건 당연하지. 하지만 기숙사와 비교하면 집세도 많이 비싸.

한쉐 네 마음에 든 것은 어떤 집이야?

박명호 방 하나에 거실 하나야, 단지 안에 도서관도 있어.

한쉐 단지 환경이 그렇게 좋으면 집세가 분명 저렴하지 않겠다.

박명호 나 1년 정도 세 들어 살 생각이라니까, 집주인이 20% 저렴하게 해 주겠대.

한쉐 그럼 그런대로 괜찮다. 하지만 너 앞으로 외식은 줄여야겠다. 하하.

한어병음

朴明浩	Xiǎoxuě, zuótiān wǒ zài xuéxiào fùjìn kànzhòngle yí tào fángzi.
韩雪	Zěnme le? Nǐ bù xiǎng zhù xuéxiào sùshè le?
朴明浩	Shì a, wǒ de tóngwū tài xǐhuan tīng yīnyuè le, wǒ shízài shòu bu liǎo.
韩雪	Yí ge rén zhù dehuà, huì gèng fāngbiàn yìxiē ba.
朴明浩	Nà dāngrán le. Búguò gēn sùshè bǐ qǐlai, fángzū yě guì le bù shǎo.
韩雪	Nǐ kànzhòng de shì tào shénme yàng de fángzi a?
朴明浩	Yí shì yì tīng, xiǎoqū lǐ hái yǒu túshūguǎn ne.
韩雪	Xiǎoqū huánjìng zhème hǎo, nà zūjīn kěndìng bù piányi.

| 朴明浩 | Wǒ dǎsuàn zū yì nián, fángdōng shuō kěyǐ gěi wǒ dǎ bā zhé. |
| 韩雪 | Nà hái xíng. Búguò nǐ yǐhòu děi shǎo xià guǎnzi le, hāhā. |

본문 ②

베이징에 온 후 난 줄곧 학교 유학생 기숙사에서 살았다. 내 룸메이트는 프랑스 사람이고, 그가 중국에 온 지는 이미 2년이 되어서 중국어를 참 잘한다. 우리 기숙사는 작아서, 방안에 화장실 하나만 있고, 주방은 바깥에 있고 공용이다. 기숙사가 크지는 않지만 나와 룸메이트는 이곳에서 사는 것이 좋다고 생각한다.

한어병음

Lái Běijīng hòu, wǒ yìzhí zhùzài xuéxiào de liúxuéshēng sùshè. Wǒ de tóngwū shì yí ge Fǎguórén, tā lái Zhōngguó yǐjīng liǎng nián le, Hànyǔ shuō de hěn búcuò. Wǒmen de sùshè hěn xiǎo, fángjiān lǐ zhǐ yǒu yí ge wèishēngjiān, chúfáng zài wàibian, shì gōngyòng de. Suīrán sùshè bú dà, dànshì wǒ hé tóngwū dōu juéde zhùzài zhèr tǐng hǎo.

▶ 연습해 봐요!

1 나 우표 한 세트 샀어.

이 식기 세트는 프랑스에서 사 온 거야.

이것은 우리가 널 위해 고른 다기 세트야. 한번 봐 봐.

생일 때, 엄마가 책 한 세트를 사서 나에게 선물로 주셨어.

我买了一套西服。

我想买一套靠江边的房子。

我新买了一套家具，你看看。

这套衣服特别适合去参加面试。

2 어떻게 된 거야, 너 왜 안 가게 되었어?

어떻게 된 거야, 너 어디 아파?

어떻게 된 거야, 넌 이렇게 말하는 게 잘못됐다고 생각해?

어떻게 된 거야, 그 사람들은 어째서 모두 말을 안 하는 거야?

怎么了，你有什么事吗？

怎么了，妈妈为什么不去超市了？

你今天怎么了？被老师批评了吗？

他今天怎么了？一直不接电话。

3 서울과 비교하면, 여기가 훨씬 시원해.

커피와 비교하면, 난 차 마시는 걸 훨씬 좋아해.

밀국수와 비교하면, 난 쌀국수를 더 좋아해.

휴대전화와 비교하면, 난 컴퓨터로 하는 게 훨씬 더 편하다고 생각해.

跟北京比起来，这里热多了。

跟篮球比起来，我更喜欢看足球比赛。

跟旅行比起来，我更喜欢看书。

跟英语比起来，他对数学更感兴趣。

4 이런 사람 보기 드물어.

소금은 좀 조금 넣어.

나는 네가 아무래도 좀 적게 먹는 게 좋다고 생각해.

몇 개 적게 사, 이미 충분히 많아.

这种手机很少见。

少说几句吧，别人都不想听。

那种地方，你还是少去吧。

我觉得你还是少喝一点儿吧。

▶ 묻고 답해 봐요!

1 A 너 어떤 집에 세 들었어?

B 방 두 칸에 거실 하나 짜리야. 또 화장실도 두 개야.

2 A 너 그 단지 집세 비싸 안 비싸?

B 너희들 이 단지랑 비교하면 좀 저렴해.

3 A 듣기로 이번 학기부터 기숙사에서 산다던데, 그래?

B 응, 바깥에서 세 들어 사니까 너무 비싸.

4 A 너의 룸메이트 어때?

B 괜찮아, 우리 자주 함께 밥 먹어.

▶ 외워 봐요!

11 나는 학교 부근에 마음에 드는 집 하나를 봐 뒀어.

12 나 정말 참을 수가 없어.

13 혼자서 살면 좀 더 편리하긴 할 거야.

14 기숙사와 비교하면, 집세도 많이 비싸.

15 그것은 어떤 집이야?

16 집세가 저렴하지 않을 게 틀림없어.

17 나 1년 세 들어 살 계획이야.

18 집주인이 나한테 20% 저렴하게 해 줄 수 있다고 했어.

19 너 앞으로 외식 줄여야겠다.

20 기숙사가 크지는 않지만, 나는 여기에서 사는 것이 정말 좋다고 생각해.

03 | 生日
생일

▶ 말해 봐요!

본문 ①

가오펑 지민아, 축하해! 너 오늘이 '귀빠진 날'이라며!

한쉐 오늘이 지민이 생일이야, 생일 축하해!

최지민 너희들이 내 생일을 함께 보내 줘서 고마워!

박명호 이것은 우리들이 너를 위해 산 생일 케이크야, 맘에 들어?

최지민 와! 이거 내가 가장 좋아하는 치즈 케이크네!

가오펑 촛불 다 켰으니까 우리 생일 노래 같이 부르자, 지민아, 너 소원 빌어!

(촛불을 분다)

한쉐 또 널 위한 선물도 샀어, 열어 봐 봐.

최지민 와! 정말 예쁜 컵이네, 컵 면에 우리들이 함께 찍은 사진도 있어!

박명호 어때? 마음에 들어?

최지민 정말 특별한 생일 선물이야! 고마워! 내가 오늘 장수면 한턱낼게.

한어병음

高朋 Xiǎomǐn, zhùhè nǐ! Tīngshuō nǐ jīntiān "zhǎng wěiba" a!

韩雪 Jīntiān shì Xiǎomǐn de shēngrì ne, zhù nǐ shēngrì kuàilè!

崔智敏 Xièxie nǐmen lái péi wǒ guò shēngrì!

朴明浩 Zhè shì wǒmen gěi nǐ mǎi de shēngrì dàngāo, xǐhuan ma?

崔智敏 Wā! Zhè kě shì wǒ zuì xǐhuan de nǎilào dàngāo!

高朋 Làzhú diǎnhǎo le, dàjiā yìqǐ chàng shēngrì gē ba, Xiǎomǐn, nǐ kuài xǔ ge yuàn!

(chuī làzhú)

韩雪 Hái gěi nǐ mǎile lǐwù ne, dǎkāi kànkan ba.

崔智敏 Wā! Hǎo piàoliang de bēizi a, shàngmiàn hái yǒu zánmen de héyǐng ne!

朴明浩 Zěnmeyàng? Mǎnyì ma?

崔智敏 Zhēn shì yí jiàn hěn tèbié de shēngrì lǐwù! Xièxie! Jīntiān wǒ qǐng dàjiā chī chángshòumiàn!

본문 ②

올해 나는 처음으로 중국에서 생일을 보냈다. 아침에 나는 아빠, 엄마, 언니의 전화를 받았는데 모두 내 생일을 축하한다고 하였다. 비록 나는 엄마가 만든 미역국은 먹지 못했지만, 내 친구가 직접 나에게 치즈 케이크를 만들어 주었다. 친구들이 나를 위해서 잊을 수 없는 생일을 만들어 줘서 나는 정말 감동했다.

한어병음

Jīnnián shì wǒ dì yī cì zài Zhōngguó guò shēngrì. Zǎoshang, wǒ jiēdàole bàba、māma hé jiějie de diànhuà, tāmen dōu zhù wǒ shēngrì kuàilè. Suīrán wǒ méi chīdào māma zuò de hǎidài tāng, dànshì wǒ de péngyou qīnshǒu gěi wǒ zuòle yí ge nǎilào dàngāo. Wǒ hěn gǎndòng, yīnwèi péngyoumen péi wǒ dùguò le yí ge nánwàng de shēngrì.

▶ 연습해 봐요!

1 요즘 어떻게 지내?

너 광저우에서 음력설 쇨 거야?

나는 다른 나라에 가서 크리스마스를 보내고 싶어.

올해 생일은 너 어떻게 보낼 생각이야?

这个周末过得怎么样啊?

你打算在哪儿过春节?

今年我是在奶奶家过的春节。

我在这儿过得挺好的，别担心。

2 안전벨트를 매 주세요.

옷은 내가 이미 세탁 다 했어.

너희들 모두 준비 다 했어?

그 사람 생일 선물은 내가 이미 샀어.

你们都吃好了吗?

我的手机修好了吗?

你的生日蛋糕我已经做好了。

你想好以后再告诉我。

3 여기 커피 정말 맛있어!

우리 엄청 오랫동안 못 만났어.

바람 정말 세다, 우리 집으로 돌아가자.

정말 예쁜 꽃이네, 누가 너한테 선물해 줬어?

这只小狗好可爱啊!

妈妈做的菜好香啊!

这儿的东西好贵啊, 别买了吧。

好大的雨啊, 咱们别出去了吧。

4 이 일은 정말 처리하기 어려워.

이 휴대전화는 너무 보기 어려워.

여기 커피는 정말 맛이 없어.

어제 식당의 음식은 정말 맛없었어.

这个字很难写。

这是一个难忘的周末。

我们度过了一个难忘的圣诞节。

他说的那些话太难听了。

▶ **묻고 답해 봐요!**

1 A 너 엄마 생일 선물 준비했어?

B 일찌감치 준비했지.

2 A 올해 생일, 너 선물 몇 개 받았어?

B 한 개도 못 받았어.

3 A 곧 네 생일인데, 너 어떻게 보내고 싶어?

B 친구들이랑 함께 맛있는 것 한 끼 먹고 싶어.

4 A 너희들 생일 선물 고마워.

B 네가 좋아하기만 하면 돼.

▶ **외워 봐요!**

21 너 오늘 '귀빠진 날'이라며!

22 너희들 내 생일 함께 보내 줘서 고마워!

23 초에 불 다 붙였어.

24 너 얼른 소원 빌어!

25 열어 봐 봐.

26 정말 예쁜 컵이네.

27 컵 면에 또 우리가 함께 찍은 사진도 있어!

28 오늘 내가 너희들에게 장수면 한턱낼게!

29 그들은 모두 내 생일을 축하해 주었다.

30 친구들이 나와 함께 잊을 수 없는 생일을 보냈다.

04 | 网购
인터넷 쇼핑

▶ **말해 봐요!**

본문 ①

최지민 가오펑, 이렇게 많은 종이 상자는 다 뭐야?

가오펑 하하, 모두 내가 인터넷에서 산 물건이지.

최지민 네가 이렇게 인터넷 쇼핑을 좋아할 줄은 생각도
못 했어.

가오펑 봐, 이건 '원 플러스 원'이고, 이것은 70% 세일이야!

최지민 그렇게 저렴해? 어쩐지 네가 쇼핑하러 나가는 걸
귀찮아하더라.

가오펑 자, 먼저 앉아 봐, 내가 차 한 잔 끓여 줄게.

최지민 그래, 무슨 좋은 차길래?

가오펑 망했다! 이 녹차 두 통 벌써 유효 기간 지났어.

최지민 너 좀 봐, 이렇게 많이 사고서는 결국 전부 낭비하
잖아.

가오펑 상관없어, 여기 어제 막 도착한 두 통이 있거든.

한어병음	
崔智敏	Gāo Péng, zhème duō zhǐ xiāngzi dōu shì xiē shénme ya?
高朋	Hēhē, dōu shì wǒ zài wǎngshàng mǎi de dōngxi.
崔智敏	Méi xiǎngdào nǐ zhème xǐhuan wǎnggòu a!
高朋	Nǐ kàn, zhège shì "mǎi yī sòng yī", zhège shì sān zhé!
崔智敏	Zhème piányi? Nánguài nǐ lǎnde qù guàngjiē.
高朋	Lái, nǐ xiān zuòxià, wǒ gěi nǐ pào bēi chá!
崔智敏	Xíng, yǒu shénme hǎo chá a?

高朋	Zāo le! Zhè liǎng hé lǜchá dōu guòqī le.
崔智敏	Nǐ kàn nǐ, mǎi zhème duō, zuìhòu dōu làngfèi le ba.
高朋	Méi guānxi, zhèr yǒu zuótiān gāng dào de liǎng hé.

본문 ②

요즘, 갈수록 많은 젊은이들이 집에서 인터넷 쇼핑하는 것을 좋아한다. 그 사람들은 밖으로 나갈 필요도 없이, 손가락만 좀 움직이면, 쉽게 자신이 필요로 하는 제품을 살 수 있다. 상점에서 살 수 없는 많은 물건들도, 인터넷에서 검색만 하면 또 금방 찾을 수 있다. 하지만, 저렴하고 품질 뛰어난 좋은 물건을 사고 싶으면, 또 "가격 비교하는 법"을 배워야 한다.

한어병음

Xiànzài, yuè lái yuè duō de niánqīng rén xǐhuan shangle zài jiā zhōng wǎnggòu. Tāmen búyòng shàng jiē, zhǐyào dòngdong shǒuzhǐtou, jiù kěyǐ qīngsōng de mǎidào zìjǐ xūyào de shāngpǐn. Hěn duō zài shāngdiàn lǐ mǎi bu dào de dōngxi, zài wǎngshàng yì sōu, yě néng hěn kuài de zhǎodào. Búguò, yào xiǎng mǎidào wùměi-jiàlián de hǎo dōngxi, hái děi xué huì "huòbǐ-sānjiā" cái xíng.

▶ 연습해 봐요!

1 공항이 이렇게 클 줄은 생각도 못 했어.
  그 사람이 그렇게 여행을 좋아할 줄 생각도 못 했어.
  이 옷이 이렇게 비쌀 줄은 생각도 못 했어.
  베이징의 겨울이 이렇게 추울 줄 생각도 못 했어.
  没想到这次考试会这么容易。
  没想到学习汉语这么有意思。
  没想到你朋友这么想去中国。
  没想到他那么快就吃完了。

2 어쩐지 네가 밥을 먹고 싶어 하지 않더라.
  어쩐지 네가 그 사람들과 함께 가고 싶어 하지 않더라니.
  그 사람은 매일 산책했구나, 어쩐지 이렇게 건강하더라.
  그 사람은 중국에서 3년을 산 적이 있었구나, 어쩐지 중국어를 그렇게 잘하더라니.
  难怪大家都不喜欢他。

난怪今天你不想出去。
他的妈妈是美国人，难怪英语说得那么好。
他从小就学过汉字，难怪汉字写得这么好。

3 나 지금 나가기 귀찮아.
  나 또 듣기 귀찮아.
  나 지금 움직이기 귀찮아, 네가 가는 게 나을 것 같아.
  네가 밥하기 귀찮으면, 교자 만두 먹어도 돼.
  我现在懒得做饭。
  我现在懒得去想那件事。
  我懒得跟他解释。
  你懒得出去的话，在家吃也可以。

4 형이 보니까 또 그 사람이었어.
  내가 말하니까 그 사람이 바로 동의했어.
  선생님이 말씀하시니까 그녀는 바로 분명히 알게 되었어.
  내가 생각해 보니까 그 사람이 한 번 돌아가는 것도 좋아.
  你一出门，就能看到。
  我一看，他已经走了。
  在手机上一搜，就能搜出来。
  我一想，她这么说也是有道理的。

▶ 묻고 답해 봐요!

1 A 이 옷은 내가 인터넷에서 산 거야.
  B 그래? 괜찮아 보이는걸.

2 A 밥 다 먹고, 함께 나가서 쇼핑하는 것 어때?
  B 밖에 비가 오니까 집에서 인터넷 쇼핑하자.

3 A 너 좀 봐, 왜 또 아침밥 안 먹었어?
  B 정말 먹을 시간이 없었어.

4 A 이런 차는 어디에서 살 수 있어?
  B 인터넷에서 검색해 봐.

▶ 외워 봐요!

31 네가 이렇게 인터넷 쇼핑을 좋아할 줄은 생각지도 못했어!
32 이것은 '원 플러스 원'이야.
33 어쩐지 네가 쇼핑하러 나가는 것을 귀찮아하더라니.

34 너 먼저 앉아.

35 내가 너에게 차 한 잔 끓여 줄게!

36 망했다! 이 녹차 두 통 모두 유효 기간 지났어.

37 너 좀 봐, 이렇게 많이 사고서는 결국 모두 낭비하잖아.

38 갈수록 많은 젊은이들이 집에서 인터넷 쇼핑하는 것을 좋아한다.

39 인터넷에서 검색만 하면, 빨리 찾을 수 있어.

40 너는 '물건을 여러 곳에서 비교하는 것'을 배워야 해.

05 健康
건강

▶ 말해 봐요!

본문 ①

최지민 한쉐, 나 배 아프고, 속이 메스꺼워.

한쉐 방금까지 멀쩡하더니, 왜 갑자기……, 너 수업 빠지고 싶은 거 아냐?

최지민 무슨, 정말 아파.

한쉐 너한테 농담한 거야! 서둘러, 내가 너 데리고 같이 병원 가 줄게.

(병원에 다녀와서)

박명호 지민아, 너 병원 갔었다며? 어떻게 됐어?

최지민 의사가 장염이라면서, 나더러 차가운 것과 매운 것 줄이래.

가오펑 물 많이 마시고, 며칠 푹 쉬어.

최지민 응! 아마도 요즘 너무 피곤했던 것 같아.

한쉐 지민아, 난 네가 요 며칠 동안은 커피도 마시지 말아야 한다고 생각해.

최지민 맞아, 앞으로 담백한 음식 많이 먹고, 진한 커피도 줄여야 할 것 같아.

한어병음

최지민 Xiǎoxuě, wǒ dùzi téng, hái juéde ěxin.

한쉐 Gāngcái hái hǎohāor de, zěnme tūrán……, nǐ shì bu shì xiǎng táokè a?

최지민 Nǎr a, zhēn de hěn bù shūfu ne.

한쉐 Gēn nǐ kāi wánxiào ne! Kuài, wǒ péi nǐ yìqǐ qù yīyuàn kànkan.

(cóng yīyuàn huílai)

박명호 Xiǎomǐn, tīngshuō nǐ qù yīyuàn le? Zěnme le?

최지민 Yīshēng shuō shì chángyán, ràng wǒ shǎo chī liáng de hé là de.

가오펑 Duō hē diǎnr shuǐ, hǎohāor xiūxi jǐ tiān ba.

박명호 Shì a! Kěnéng shì zuìjìn tài lèi le.

한쉐 Xiǎomǐn a, wǒ juéde nǐ zhè liǎng tiān kāfēi yě bié hē le.

최지민 Méi cuò, kànlái yǐhòu yào duō chī qīngdàn cài, shǎo hē nóng kāfēi.

본문 ②

곧 시험이어서, 요즘 나는 매일 늦게까지 공부하였다. 어제부터 난 갑자기 기운이 없고, 게다가 입맛이 전혀 없어졌다. 오늘 나는 의사에게 진찰 받으러 갔는데, 의사는 심리적인 스트레스가 너무 많고, 몸이 피곤해서 생긴 것이라고 말했다. 그는 또 약을 먹을 필요는 없고, 집에서 며칠 동안 푹 쉬면 된다고 말했다.

한어병음

Mǎshàng jiù yào kǎoshì le, zuìjìn wǒ měi tiān dōu xuéxí dào hěn wǎn. Cóng zuótiān kāishǐ, wǒ tūrán juéde méi lìqi, érqiě yìdiǎnr wèikǒu yě méiyǒu. Jīntiān wǒ qù kàn le dàifu, dàifu shuō shì xīnlǐ yālì guò dà, shēntǐ pílao yǐnqǐ de. Tā hái shuō búyòng chī yào, zài jiā hǎohāor xiūxi jǐ tiān jiù xíng.

▶ 연습해 봐요!

1 저한테 농담하지 마세요.

그 사람은 너한테 농담하는 거야.

너는 우리들한테 농담하는 거지?

너한테 농담하는 거니까 화내지 마.

我没跟你开玩笑。

你别跟他开这种玩笑。

他总是跟我开这种玩笑。

跟我开这种玩笑，你太过分了吧？

2 너희들 모두 가고 싶지 않은 것 같아.

그 사람은 오늘 안 올 것 같아.

보니까 너희들 집에서 쉬고 싶어 하는 것 같아.

앞으로 아무래도 새 낱말을 좀 더 많이 외워야 할 것 같아.

看来他很喜欢这件礼物。

看来你对旅行不太感兴趣。

看来还是坐地铁快一些。

看来他说的没错。

3 곧 개학이야.

나 곧 20살이 돼.

우리는 곧 출발하려고 해.

나는 곧 지하철역에 도착하려고 해.

马上就要过春节了。

我们马上就要放假了。

他们马上就要来韩国了。

孩子们马上就要考试了。

4 모든 친구들은 발표를 해야만 해.

사람마다 자신만의 취미가 있어.

책상마다 책이 두 권씩 있어.

그 사람은 일요일마다 도서관에 가.

每个周末都有很多作业要做。

他每个周末都去见朋友。

他每个假期都去中国。

每个学生都有一本汉语书。

▶ 묻고 답해 봐요!

1 A 지금 어디가 아프세요?

  B 배가 좀 아파요.

2 A 너 아무래도 진찰 받으러 가는 게 낫겠어.

  B 괜찮아, 집에서 며칠 쉬면 돼.

3 A 의사가 뭐래?

  B 의사가 나한테 과일 많이 먹고, 매운 것이나 차가운 것을 적게 먹으래.

4 A 나 요즘 입맛이 전혀 없어.

  B 곧 시험이어서, 심리적으로 스트레스가 너무 많지?

▶ 외워 봐요!

41 나 배가 아프고, 좀 메스꺼운 것 같아.

42 너 방금까지 멀쩡하더니.

43 너 수업 빠지고 싶은 것 아냐?

44 무슨, 정말 아파.

45 너한테 농담한 거야!

46 내가 너랑 함께 병원에 가 줄게.

47 의사가 나에게 차가운 것과 매운 것 적게 먹으래.

48 물 좀 많이 마시고, 며칠 푹 쉬어.

49 보니까 앞으로 담백한 음식 많이 먹고, 진한 커피를 적게 마셔야 할 것 같아.

50 곧 시험이야.

01-05 复习1 복습1

▶ 핵심 문형

01 A 넌 중국 음식 네 입맛에 맞는 것 같아?

  B 나 진짜 중국 음식 좋아해. 한국에 있을 때도 종종 중식당에 갔어.

  A 너 매운 것 먹을 수 있어?

  B 당연히 먹을 수 있지. 얼얼하고 매운 쓰촨 요리는 요즘 한국에서도 정말 인기가 많아!

02 A 어제 나 학교 근처에 맘에 드는 집 하나 봐 뒀어.

  B 뭐라고? 너 학교 기숙사에서 안 살고 싶어졌어?

  A 응, 내 룸메이트가 음악 듣는 걸 너무 좋아해. 나 정말 참을 수가 없어.

  B 혼자서 살면 좀 더 편하긴 할 거야.

03 A 너희들이 내 생일을 함께 보내 줘서 고마워!

  B 이것은 우리들이 너를 위해 산 생일 케이크야, 맘에 들어?

  A 왜! 이거 내가 가장 좋아하는 치즈 케이크네!

  B 촛불 다 켰으니까 우리 생일 노래 같이 부르자, 지민아, 너 빨리 소원 빌어!

04 A 이렇게 많은 종이 상자는 다 뭐야?

  B 하하, 모두 내가 인터넷에서 산 물건이지.

  A 네가 이렇게 인터넷 쇼핑을 좋아할 줄은 생각도 못했어.

  B 봐, 이건 '원 플러스 원'이고, 이것은 70% 세일이야!

05 A 나 배 아프고, 속이 메스꺼워.

B 방금까지 멀쩡하더니. 왜 갑자기……, 너 수업 빠지고 싶은 거 아냐?

A 무슨, 정말 아파.

B 너한테 농담한 거야! 서둘러, 내가 너랑 함께 병원 가 줄게.

▶ 说一说

1 A 你来中国多长时间了?

B 我七月来的, 差不多快两个月了吧。

A 你觉得中国菜合你的口味吗?

B 我可喜欢吃中国菜了。

2 A 你看中的是套什么样的房子啊?

B 一室一厅, 小区里还有图书馆呢。

A 小区环境这么好, 那租金肯定不便宜。

B 我打算租一年, 房东说可以给我打八折。

3 A 给你买了礼物呢, 打开看看吧。

B 哇! 好漂亮的杯子啊, 上面还有咱们的合影呢!

A 怎么样? 满意吗?

B 真是一件很特别的生日礼物! 谢谢! 今天我请大家吃长寿面!

4 A 你看, 这个是 "买一送一", 这个是三折!

B 这么便宜? 难怪你懒得去逛街。

A 来, 你先坐下, 我给你泡杯茶!

B 行, 有什么好茶啊?

5 A 听说你去医院了? 怎么了?

B 医生说是肠炎, 让我少吃凉的和辣的。

A 多喝点儿水, 好好儿休息几天吧。

B 看来以后要多吃清淡菜, 少喝浓咖啡。

▶ 听一听

1 (1) ✕

(2) C 韩国菜

(3) 因为麻辣烫又麻又辣, 她不爱吃。

녹음대본 MP3 ♬ 01-02

男: 今天下课后咱们一起去吃麻辣烫, 怎么样?

女: 麻辣烫? 又麻又辣的, 我不爱吃。吃火锅好不好?

男: 火锅也很辣啊。那还是去吃韩国菜吧。

女: 行。你想去哪一家?

男: 学校附近新开了一家韩国饭馆儿, 就去那儿吧。

女: 那一会儿学校门口见。

남 : 오늘 수업 마친 후에 우리 마라탕 먹으러 가는 것 어때?

여 : 얼얼하고 매워서 나는 좋아하지 않아. 샤브샤브 먹는 것 어때?

남 : 샤브샤브도 매워. 그럼 한국 음식 먹으러 가는 게 낫겠어.

여 : 그래. 너 어느 집 가고 싶어?

남 : 학교 부근에 한국 식당 새로 문 열었는데, 거기로 가자.

여 : 그럼 좀 있다 학교 입구에서 봐.

2 (1) ○

(2) A 租金比学校宿舍便宜

(3) 女的觉得租的这套房子不但小区环境好, 而且离学校也很近。

녹음대본 MP3 ♬ 01-02

男: 你租的这套房子真不错。

女: 是啊, 小区环境好, 离学校也很近。

男: 比我租的那套好多了, 租金也不贵。

女: 但是跟学校的宿舍比起来, 还是要贵一点。

男: 房东不是给你打了八折吗?

女: 因为我打算租一年, 所以房东给我打了折。

남 : 너 세 든 이 집 정말 좋다.

여 : 그래. 단지 환경이 좋고, 학교에서도 가까워.

남 : 내가 세 든 그 집보다 훨씬 좋고, 집세도 비싸지 않아.

여 : 하지만 학교의 기숙사와 비교하면, 그래도 좀 비싸.

남 : 주인이 너에게 20% 할인해 준 것 아냐?

여 : 내가 1년 세 들었기 때문에 나한테 할인해 주셨어.

3 (1) ✕

(2) D 唱生日歌

(3) 男的亲手给女的做了一盒巧克力。

녹음대본 MP3 ♬ 01-02

男: 蜡烛点好了, 快来许个愿!

女: 谢谢你来陪我过生日。

男: 这是我给你准备的生日礼物, 打开看看吧!

女 : 哇，是你做的巧克力？

男 : 刚学会不久，不知道味道怎么样。

女 : 你亲手做的，肯定好吃。做一盒得花很长
　　时间吧？

남 : 촛불 다 켰어, 어서 와서 소원 빌어!

여 : 네가 내 생일에 함께 해 줘서 고마워.

남 : 이것은 내가 너에게 준비한 생일 선물이야, 열어 봐!

여 : 와, 네가 만든 초콜릿이야?

남 : 막 배운 지 얼마 안 되어서 맛이 어떨지 모르겠어.

여 : 네가 직접 만든 것이면 틀림없이 맛있을 거야. 한 통 만드
　　는 데 시간 많이 걸리지?

4 (1) ×

(2) B 没时间出去逛街

(3) 男的觉得去商店买东西更好，因为在网上搜的时
　　间跟去逛街的时间差不多。

녹음대본　　　　　　　　　　　　　　MP3 f 01-02

男 : 你又在网上买东西了？

女 : 最近太忙了，没时间出去逛街啊。

男 : 网上能买到物美价廉的东西吗？

女 : 在网上好好儿搜，也能买到好东西。

男 : 有那搜的时间，还不如去商店买呢。

女 : 说的也是。其实逛街也挺有意思的。

남 : 너 또 인터넷에서 물건 샀어?

여 : 요즘 너무 바빠서 쇼핑하러 나갈 시간이 없어.

남 : 인터넷에서 품질 좋고 가격 저렴한 물건을 살 수 있어?

여 : 인터넷에서 잘 검색하면, 또 좋은 물건을 살 수 있어.

남 : 그 검색할 시간 있으면 상점 가서 사는 것이 낫겠어.

여 : 그 말도 맞아. 사실 돌아다니는 것이 훨씬 재밌어.

5 (1) ×

(2) B 要考试了

(3) 女的让男的少喝点儿浓咖啡，今天早点儿睡觉。

녹음대본　　　　　　　　　　　　　　MP3 f 01-02

女 : 你怎么了？哪儿不舒服啊？

男 : 头疼，一点儿力气都没有。

女 : 要考试了，你是不是没休息好啊？

男 : 昨天喝咖啡喝得太多了，晚上没睡好。

女 : 少喝点儿浓咖啡，今天早点儿睡觉吧。

男 : 不行。考完以后再好好儿休息。

여 : 너 왜 그래? 어디 아파?

남 : 머리가 아프고, 힘이 하나도 없어.

여 : 시험이 다 되어서 너 잘 못 쉰 것 아냐?

남 : 어제 커피를 너무 많이 마시고, 저녁에 잠을 잘 못 잤어.

여 : 진한 커피 좀 적게 마시고, 오늘은 좀 일찍 자.

남 : 안 돼. 시험 다 치고 난 다음에 푹 쉬어야지.

▶ **读一读**

1 막 중국 왔을 때 나는 줄곧 학교 기숙사에서 살았다. 하
지만 나의 룸메이트가 음악 듣는 걸 너무 좋아해서, 어
떤 때는 나의 휴식에 영향을 주기도 하였다. 그래서 이
번 학기에 나는 학교 근처에 거실 하나 방 하나로 된 집
에 세 들었다. 이 집은 학교에서 가깝고, 단지 안에 도서
관도 있고, 부근에 게다가 맛있는 식당도 많이 있다. 막
이사 와서 가구들과 생활용품을 사야 한다. 요즘 바빠서
쇼핑할 시간조차도 없어서 많은 물건을 인터넷에서 살
수밖에 없었다. 상점에서 살 수 없는 많은 물건들도 인
터넷에서 살 수 있다. 나는 방 정리를 다 한 후에 친구를
초대할 생각이다.

2 어제는 내 생일이었다. 아침에 아빠, 엄마 그리고 언니
가 나한테 전화해서 생일을 축하해 주었다. 비록 가족들
과 함께 생일을 보낼 수는 없었지만, 나는 내 친구들과
함께 잊을 수 없는 생일을 보냈다. 그들은 내가 가장 좋
아하는 치즈 케이크를 사 왔고, 게다가 나한테 특별한
생일 선물까지 준비했다. 그 후에 우리는 함께 마라탕을
먹었고, 영화를 봤고, 노래방에서 노래를 불렀고 정말 즐
겁게 놀았다. 하지만 오늘 아침 일어나서 나는 갑자기
속이 울렁거리고 온몸에 힘이 없었다. 수업 마친 후 나
의 같은 반 친구가 나를 데리고 학교 병원에 갔다. 의사
는 장염이라고 하고, 나한테 차가운 것과 매운 것을 적
게 먹으라고 했다. 마침 내일이 주말이어서 나는 집에서
이틀 동안 푹 쉴 예정이다.

▶ **'写一写'**

1 你觉得中国菜合你的口味吗？

　Nǐ juéde Zhōngguó cài hé nǐ de kǒuwèi ma?

2 最近在韩国也很受欢迎呢！

　Zuìjìn zài Hánguó yě hěn shòu huānyíng ne!

3 我可喜欢吃中国菜了。

  Wǒ kě xǐhuan chī Zhōngguó cài le.

4 今天下了课就去，怎么样？

  Jīntiān xiàle kè jiù qù, zěnmeyàng?

5 我在学校附近看中了一套房子。

  Wǒ zài xuéxiào fùjìn kànzhòngle yí tào fángzi.

6 我实在受不了。

  Wǒ shízài shòu bu liǎo.

7 跟宿舍比起来，房租也贵了不少。

  Gēn sùshè bǐ qǐlai, fángzū yě guì le bù shǎo.

8 你以后得少下馆子。

  Nǐ yǐhòu děi shǎo xià guǎnzi.

9 谢谢你们来陪我过生日！

  Xièxie nǐmen lái péi wǒ guò shēngrì!

10 蜡烛点好了。

  Làzhú diǎnhǎo le.

11 好漂亮的杯子啊。

  Hǎo piàoliang de bēizi a.

12 朋友们陪我度过了一个难忘的生日。

  Péngyoumen péi wǒ dùguòle yí ge nánwàng de shēngrì.

13 没想到你这么喜欢网购啊。

  Méi xiǎngdào nǐ zhème xǐhuan wǎnggòu a.

14 难怪你懒得去逛街。

  Nánguài nǐ lǎnde qù guàngjiē.

15 越来越多的年轻人喜欢上了在家中网购。

  Yuè lái yuè duō de niánqīng rén xǐhuan shàngle zài jiā zhōng wǎnggòu.

16 在网上一搜，就能很快地找到。

  Zài wǎngshàng yì sōu, jiù néng hěn kuài de zhǎodào.

17 我肚子疼，还觉得恶心。

  Wǒ dùzi téng, hái juéde ěxin.

18 你刚才还好好儿的。

  Nǐ gāngcái hái hǎohāor de.

19 跟你开玩笑呢！

  Gēn nǐ kāi wánxiào ne!

20 医生让我少吃凉的和辣的。

  Yīshēng ràng wǒ shǎo chī liáng de hé là de.

06 学习
공부

▶ 말해 봐요!

본문 ①

한쉐 가오펑, 이번 중간고사 본 것 어땠어?

가오펑 요즘 계속 일자리 찾느라 바빠서 결국 망쳤어! 아이!

최지민 기말고사에 한 번 더 기회가 있잖아.

한쉐 그러게. 사실 이번 시험은 나도 잘 못 쳐서, 겨우 85점이야.

최지민 85점도 별로 안 높은 거야? 너희 반 평균 점수가 얼마야?

한쉐 평균 점수는 모르지만, 모두 밤새우면서 공부했다고 들었어.

박명호 내가 너희들 보니까 모두 '벼락치기'를 해서 시험 잘 못 친 거야.

가오펑 그래, 좋은 성적을 내려면 평소에 많이 노력해야만 해.

최지민 맞아, 평소에 수업 잘 듣고, 노트 정리 잘 하고, 집에 가서 복습 열심히 해야 해.

박명호 지민이는 시험 칠 때마다 그렇게 잘 치는데, 아무래도 공부 방법이 좋은 것 같아!

최지민 무슨 말씀을, 나 아직 한참 멀었어!

한어병음
韩雪 Gāo Péng, zhè cì qīzhōng kǎoshì kǎo de zěnmeyàng a?
高朋 Zuìjìn yìzhí mángzhe zhǎo gōngzuò, jiéguǒ kǎozá le! Āi!
崔智敏 Qīmò kǎoshì hái yǒu yí cì jīhuì ne.
韩雪 Shuō de yě shì. Qíshí zhè cì kǎoshì wǒ yě méi kǎohǎo, cái kǎole bāshíwǔ fēn.

崔智敏　Bāshíwǔ fēn hái bú gòu gāo ma? Nǐmen bān de píngjūn fēn shì duōshǎo a?

韩雪　píngjūn fēn bù zhīdào búguò tīngshuō dàjiā dōu kāi yèchē xuéxí ne.

朴明浩　Wǒ kàn nǐmen a, dōu shì "línshí bào fójiǎo", suǒyǐ cái méi kǎohǎo.

高朋　Shì a, yào xiǎng kǎochū hǎo chéngjì, píngshí děi duō nǔlì cái xíng!

崔智敏　Duì, píngshí tīnghǎo kè, zuòhǎo bǐjì, huí jiā hǎohāor fùxí.

朴明浩　Xiǎomǐn měi cì kǎoshì dōu kǎo de nàme hǎo, kànlái háishi xuéxí fāngfǎ hǎo a!

崔智敏　Nǎlǐ nǎlǐ, wǒ hái chà de yuǎn ne!

본문 ②

대학에 온 후 우리는 더 많은 시간과 자유가 생기게 되었고, 자신이 공부하고 싶은 것을 배우러 간다. 대학에서는 많은 필수 과목과 선택 과목이 있으며, 만약 관심이 가는 수업이 있으면 청강을 해도 된다. 학교에는 또 많은 동아리가 있어서 시간 날 때 참가해도 된다. 3, 4학년 때가 되면 아마 더욱 바빠질 것이다. 어떤 친구는 취업 준비하기 바쁘고, 어떤 친구는 대학원 준비를 시작하기 때문이다. 그때, 너는 무엇으로 바쁠까?

한어병음

Shàng dàxué hòu, wǒmen yǒule gèng duō de shíjiān hé zìyóu, qù xué zìjǐ xiǎng xué de dōngxi. Dàxué li yǒu hěn duō bìxiū kè hé xuǎnxiū kè, rúguǒ yǒu gǎn xìngqù de kè, hái kěyǐ qù pángtīng. Xuéxiào li hái yǒu hěn duō xìngqù xiǎozǔ, yǒu shíjiān dehuà yě kěyǐ qù cānjiā. Dàole sān、sì niánjí de shíhou, kěnéng huì gèng máng. Yīnwèi yǒu de tóngxué kāishǐ mángzhe zhǔnbèi zhǎo gōngzuò, yǒu de tóngxué kāishǐ mángzhe zhǔnbèi kǎoyán. Nà shíhou, nǐ huì zài máng shénme ne?

▶ 연습해 봐요!

1 아빠는 지금 아침밥을 하느라 바쁘셔.
　그 사람 요즘 일자리 구하느라 바빠.
　그 사람 지금 생일 선물 준비하느라 바빠.
　나 요즘 중간고사 준비하느라 바빠.

我最近忙着看房子呢。
他正忙着给我们买咖啡呢。
爸爸正忙着准备早餐呢。
客人来了，他正忙着泡茶呢。

2 이 돈, 내가 쓰기에 부족해.
　너희들 목소리가 아직 별로 크지 않아.
　이 옷은 별로 깨끗하게 세탁하지 않았어.
　이 음식들은 먹기에 충분하지 않으니까 두 개 더 시켜.
你说的这句话不够准确。
他这个理由还不够充分。
这件衣服不够正式，你换一件吧。
人总是会有一些不够完美的地方。

3 너 웃음소리 내지 마.
　그 사람이 휴대전화를 꺼내서 한참 동안 봤다.
　다른 곳 하나를 찾아 주세요.
　선생님이 책 한 권을 꺼내서 우리들에게 보도록 하셨어.
你说出了我们的心声。
他想出了一个好办法。
他从碗里挑出了一个饺子。
你应该找出一个理由来说服他。

4 그녀는 이번 일에 희망이 생겼다고 생각했다.
　처음이 있어야, 두 번째도 있을 수 있어.
　이전과 비교하면 그 사람은 변화들이 생겼다.
　지금 그 사람은 정말 큰 사무실 하나가 생겼다.
等以后有了机会再说吧。
有了孩子以后，生活发生了很大的变化。
我第一次感到对未来有了信心。
现在他有了自己的车，比以前方便多了。

▶ 묻고 답해 봐요!

1 A 이렇게 바쁜데 선택 과목 두 개를 들을 시간이 어딨어?
　B 그것도 그래.

2 A 기말고사 어땠어?
　B 어휴, 벼락치기 해서 잘 칠 수가 있겠어?

3 A 너 필기 정말 잘한다!
　B 집에 가서 필기한 것 많이 보고, 열심히 복습해야 해.

4 A 이번 학기 동아리 해?

  B 나 독서 동아리 들었어.

▶ 외워 봐요!

51 요즘 나 계속 일자리 구하느라 바빠.

52 이번에 나 시험 망쳤어.

53 또 한 번의 기회가 있잖아.

54 그 말도 맞네.

55 사실 이번 시험 나도 잘 못 쳤어.

56 85점도 안 높은 거야?

57 모두들 밤새워서 공부해.

58 좋은 성적을 내려면, 평소에 많이 노력해야만 해!

59 평소에 수업 잘 듣고, 필기 잘 하고, 열심히 복습해야 해.

60 별말씀을요. 저는 아직 멀었어요!

---

07 | 结婚
결혼

▶ 말해 봐요!

본문 ①

가오펑 지민아, 이번 주말에 뭐 할 생각이야?

최지민 집에서 음악 좀 듣고 쉬려고.

가오펑 이번 주말에 우리 누나 결혼하는데, 너 나랑 같이 보러 갈래?

최지민 좋아! 나 지금껏 중국 사람 결혼식은 한 번도 가본 적이 없어.
(결혼식)

최지민 와! 신부 정말 예쁘다!

가오펑 응, 신랑도 멋있어! 우리 우선 들어가자.

최지민 가오펑 봐 봐, 모든 자리마다 작은 선물이 하나씩 있는 것 같아.

가오펑 맞아, 신혼부부는 보통 안에 결혼 사탕을 넣어서 하객에게 감사를 표시해.

최지민 어쩐지 이전에 중국 친구가 우리 언니한테 "언제 네 결혼 사탕 먹어"라고 묻더니, 알고 보니 '언제 결혼하는지'를 묻고 싶은 거였구나.

가오펑 맞아, 저 두 사람 내일 바로 신혼여행 떠난대!

최지민 정말 멋지다!

한어병음

高朋   Xiǎomǐn, zhège zhōumò nǐ dǎsuàn zuò shénme?

崔智敏 Zài jiā tīngting yīnyuè, xiūxi xiūxi.

高朋   Zhège zhōumò wǒ jiějie jiéhūn, nǐ xiǎng gēn wǒ yìqǐ qù kànkan ma?

崔智敏 Hǎo a! Wǒ hái cónglái méi cānjiāguo Zhōngguó rén de hūnlǐ ne!
       (hūnlǐ)

崔智敏 Wā! Xīnniáng hǎo piàoliang a!

高朋   Shì a, xīnláng yě hěn shuài ne! Zánmen xiān jìnqu ba.

崔智敏 Gāo Péng nǐ kàn, hǎoxiàng měi ge zuòwèi shàng dōu yǒu yí jiàn xiǎo lǐwù ne.

高朋   Shì a, xīnrén yìbān dōu huì zài lǐmiàn fàng yìxiē xǐtáng, biǎoshì gǎnxiè.

崔智敏 Guàibude yǐqián yǒu wèi Zhōngguó péngyou wèn wǒ jiějie "shénme shíhou chī nǐ de xǐtáng a", yuánlái shì xiǎng wèn tā "shénme shíhou jiéhūn" ne.

高朋   Duì a. Tīngshuō tāmen míngtiān jiù yào chūfā qù dù mìyuè ne!

崔智敏 Zhēn búcuò a!

본문 ②

결혼은 인생에서 매우 중요한 일이기 때문에 대충해서는 안 된다. 젊은 사람들이 결혼할 때, 집이나 차가 있어야 하고, 결혼식은 체면에 맞게 치러야 한다. 결혼이 매우 복잡한 일로 변해 버렸다. 하지만 현재 생각을 바꾼 젊은이들도 있다. 어떤 사람은 '여행 결혼'을 선택하고, 어떤 사람은 심지어 또 '스몰 웨딩'을 선택하기도 한다. 그들은 두 사람이 함께 있는 것이야말로 가장 중요한 것이라고 생각한다.

한어병음

Jiéhūn shì rénshēng dàshì, bù néng mǎhu. Niánqīng rén jiéhūn shí, búdàn yào yǒu fángzi hé chēzi, hūnlǐ hái yào bàn de yǒu miànzi. Jiéhūn biànchéngle yí jiàn hěn fùzá de shìqing. Búguò xiànzài, yǒu yìxiē niánqīng rén yě gǎibiànle xiǎngfǎ. Yǒu de rén xuǎnzé "lǚxíng jiéhūn", yǒu de rén shènzhì hái huì xuǎnzé "luǒhūn".

Yīnwèi tāmen juéde, liǎng ge rén zài yìqǐ, cái shì zuì zhòngyào de.

努力学习才能考好。
你吃完饭才能喝咖啡。
他觉得好好儿做笔记才能考好。

▶ 연습해 봐요!

1 나는 지금까지 강아지를 키워 본 적이 없어.
  엄마는 지금까지 중국어를 배워 본 적이 없으셔.
  이 일은 내가 지금까지 들어 본 적이 없어.
  나는 아직까지 중국에 가 본 적이 없어.
  从来没发生过这种事情。
  这件事我从来没想过。
  他从来没跟我说过这件事。
  听说过很多次，可是从来没去过。

2 어쩐지 네가 안 왔다 했더니, 너 병원에 갔었구나.
  어쩐지 네가 오늘 기운이 없다고 했더니, 감기 걸렸구나.
  그 사람 엄마가 미국 사람이구나, 어쩐지 영어를 이렇게 잘하더라니.
  어쩐지 네가 중국어를 배운다 했더니, 네가 중국에 가서 일하고 싶어서였구나.
  怪不得他今天不高兴，原来这次考试没考好。
  他要去面试，怪不得今天穿了西服。
  他明天有考试，怪不得没时间去看电影。
  他对汉语很感兴趣，怪不得那么努力地学习汉语。

3 알고 보니 오늘이 일요일이구나!
  원래 그 사람이 너의 대학 친구였구나.
  원래 너였구나, 난 또 샤오리라고 생각했어.
  알고 보니 너 가지 않았구나, 나는 또 네가 그 사람들과 함께 갔다고 생각 했어.
  原来你也不知道啊!
  原来你们俩早就认识啊。
  原来你在家啊，怎么没接电话呢?
  原来是你给我打的电话啊，我还以为是小王呢。

4 나는 친구야말로 가장 중요하다고 생각해.
  이 책을 다 봐야만 밖에 나가서 놀 수 있어.
  숙제를 다 해야만 나가 돌아다닐 시간이 있어.
  중국어에 흥미가 있어야 중국어를 잘 배울 수 있어.
  有梦想才是最重要的。

▶ 묻고 답해 봐요!

1 A 샤오리, 언제 너의 결혼 사탕 먹을 수 있어?
  B 아직 일러.

2 A 이번 주말에 너는 그 사람 결혼식 갈 생각이야?
  B 아직 생각 안 해 봤어.

3 A 누나는 오늘 친구 결혼식에 갔어.
  B 어쩐지 오늘 그렇게 예쁘게 입었다 했어.

4 A 너 베이징 오리구이 먹어 본 적 있어?
  B 나 아직까지 먹어 본 적 없어.

▶ 외워 봐요!

61 나는 아직까지 중국 사람 결혼식에 참가해 본 적이 없어.
62 모든 자리마다 작은 선물 하나씩 있는 것 같아.
63 어쩐지 이번에 시험을 못 봤다고 했더니, 너 열심히 복습을 안 했구나.
64 알고 보니 그녀가 '언제 결혼하는지'를 물어보고 싶은 거였구나.
65 그 사람들 내일 바로 신혼여행 떠난대.
66 이 일은 대충해서는 안 돼.
67 결혼은 복잡한 일로 바뀌었다.
68 일부 사람들은 생각을 바꾸었다.
69 어떤 사람들은 심지어 또 '스몰 웨딩'을 선택하기도 한다.
70 두 사람이 함께 하는 것이야말로 가장 중요한 것이다.

08 | 球赛
경기

▶ 말해 봐요!

본문 ①

박명호 가오펑! 나한테 축구 경기 입장권 두 장 있어.
가오펑 와, 한중 청소년 축구 경기구나!

박명호 응, 내일 저녁 7시야. 어때, 시간 있어?

가오펑 보니까 너 축구팬이구나! 내일 나 마침 시간 되는데, 너랑 함께 가 줄게.

박명호 정말 잘 됐다! 그럼 우리 내일 6시에 만나자.

가오펑 문제없어, 우리 함께 두 팀 응원하러 가자.

박명호 좋아! 그런데 내가 산 표가 할인된 표여서 위치가 별로 안 좋아.

가오펑 상관없어. 그래도 집에서 텔레비전 생중계 보는 것보다는 재미있을 거야.

박명호 그렇고말고! 우리 가서 현장 분위기 한껏 느껴 보자.

가오펑 더군다나, 네가 한턱내는 거니까 그 마음 내가 받을게.

박명호 하하, 너 정말 말 잘한다!

한어병음

朴明浩	Gāo Péng! Wǒ zhèr yǒu liǎng zhāng zúqiú sài de ménpiào.
高朋	Wā, shì Hán Zhōng qīngshàonián zúqiú sài ne!
朴明浩	Shì a, míngtiān wǎnshang qī diǎn, zěnmeyàng, yǒu shíjiān ma?
高朋	Kànlái nǐ shì ge qiúmí a! Míngtiān wǒ zhènghǎo yǒu shíjiān, péi nǐ yìqǐ qù ba.
朴明浩	Tài hǎo le! Nà wǒmen míngtiān liù diǎn jiàn ba!
高朋	Méi wèntí, zánmen yìqǐ qù gěi liǎng ge duì jiājiā yóu.
朴明浩	Hǎo a! Búguò wǒ mǎi de shì zhékòu piào, wèizhì bú tài hǎo.
高朋	Méi guānxi. Zǒng bǐ zài jiā kàn diànshì zhíbō yǒu yìsi a.
朴明浩	Nà kěbù! Zán kěyǐ qù hǎohāor gǎnshòu yíxià xiànchǎng qìfēn.
高朋	Zài shuō le, nǐ qǐngkè, zhè xīnyì wǒ děi lǐng le ya!
朴明浩	Hāhā, nǐ kě zhēn huì shuōhuà a!

본문 ②

나는 농구팬이다. 난 농구하는 걸 좋아할 뿐만 아니라, 농구 보는 것도 좋아한다. 미국 NBA 경기를 나는 거의 놓치지 않는다. 내 남동생은 달리기에 더 관심이 많다. 남동생은 달리기가 몸을 단련시켜 줄 뿐만 아니라 혼자서 좀 조용히 있고 싶을 때 달리기가 괜찮은 선택이라고 한다. 따

라서 "사람마다 각자 다른 취미가 있다"라는 이 말은 조금도 틀리지 않다.

한어병음

Wǒ shì ge lánqiú mí, wǒ búdàn xǐhuan dǎ lánqiú, hái xǐhuan kàn lánqiú. Měiguó de NBA qiúsài, wǒ jīhū dōu bú huì cuòguò. Wǒ dìdi ne, tā duì pǎobù gèng gǎn xìngqù. Tā shuō pǎobù kěyǐ duànliàn shēntǐ, érqiě xiǎng yí ge rén hǎohāor jìng yi jìng de shíhou, pǎobù yě shì ge búcuò de xuǎnzé. Suǒyǐ a, "luóbo báicài, gè yǒu suǒ ài." Zhè jù huà shuō de yìdiǎnr dōu méi cuò.

▶ 연습해 봐요!

1 너 정말 물건 살 줄 안다.
그 사람은 게으름을 잘 피워.
너 정말 장소 잘 찾는다!
그 사람 정말 농담 잘해.
你们真会玩儿啊!
他真会做生意。
你可真会挑啊!
他真会装傻。

2 그는 영어를 할 수 있을 뿐만 아니라 중국어도 할 수 있어.
나는 영어를 잘 배우고 싶을 뿐만 아니라 중국어도 잘 배우고 싶어.
복습을 잘 해야 할 뿐만 아니라 예습도 잘 해야 해.
그 사람들 집은 꽃을 많이 키울 뿐만 아니라, 물고기도 많이 키워.
我不但喜欢看书,还喜欢旅行。
他不但是我的老师,也是我的朋友。
这不但是一次挑战,也是一次机会。
他不但喜欢听韩国歌儿,还喜欢看韩国电影。

3 나는 여행에 별로 관심이 없어.
그들은 이 일에 대해 흥미가 없어.
나는 중국 문화에 대단히 관심이 많아.
나는 네가 맛있는 음식에 관심이 매우 많다고 들었어.
他对中国历史很感兴趣。
他对韩国音乐很感兴趣。
妈妈对这个问题不感兴趣。

我从小就对钢琴很感兴趣。

4 나는 조금도 가고 싶지 않아.

나는 네가 나를 조금도 이해하지 못한다고 생각해.

네가 한 이 말은 조금도 틀리지 않아.

조금도 이상하지 않아, 그 사람은 바로 이런 사람이야.

这种手机一点儿也不便宜。

关于那件事，他一点儿都不知道。

他对这件事一点儿也不感兴趣。

明天有考试，可是他一点儿也不紧张。

▶ 묻고 답해 봐요!

1 A 너는 보통 언제 친구와 함께 공 차니?

　 B 시간만 있으면 가.

2 A 너는 그 가수의 팬이라며?

　 B 그렇고말고, 나는 그 사람 노래가 듣기 좋다고 생각해.

3 A 내일 너 밥 먹으러 우리 집에 올래?

　 B 가능해. 더군다나, 네 생일인데, 내가 당연히 가야지.

4 A 경기장 현장 분위기는 어때?

　 B 완전 좋아. 모두 한국 팀 응원하고 있어.

▶ 외워 봐요!

71 나한테 축구 경기 입장권 두 장이 있어.

72 보니까 너 축구 팬이구나!

73 내일 내가 마침 시간이 나.

74 우리 함께 두 팀 응원하러 가자.

75 그래도 집에서 텔레비전 생중계 보는 것보다는 재미있을 거야.

76 우리 현장 분위기를 한껏 느껴 볼 수 있어.

77 너 정말 말 잘한다!

78 나는 거의 놓치지 않는다.

79 그 사람은 달리기에 더욱 흥미가 있다.

80 이 말은 조금도 틀리지 않아.

---

09 旅行
여행

▶ 말해 봐요!

본문 ①

최지민 한쉐, 너 이번 여름 방학 때 어디로 여행 갈지 생각해 봤어?

한쉐 　우리 남쪽 지방에 가 보는 것 어때?

최지민 거기 많은 소수 민족이 산다고 들었어, 그러니?

한쉐 　그럼, 게다가 경치도 정말 아름다워, 단지 베이징에서 좀 멀리 떨어져 있어.

최지민 멀면 멀리지 뭐, 여행 도중에 또 많은 서프라이즈가 있을지 몰라!

한쉐 　그것도 그렇네, 제일 좋은 경치는 사실 모두 길에 있어.

최지민 여름 방학 때는 사람이 많으니까 우리 지금 바로 항공권 예매하자.

한쉐 　너 자유여행하고 싶은 모양이네? 패키지로 가고 싶지 않아?

최지민 도착해서 다시 현지 패키지 신청하는 것은 어때?

한쉐 　너 정말 경험이 많아 보인다! 우리 인터넷에서 잘 검색해 보자.

최지민 응, 게다가 요즘은 인터넷에서 항공권과 호텔 예약하는 것 정말 편리해.

한쉐 　맞아, 그럼 우리 빨리 일정 정하자!

한어병음	
崔智敏	Xiǎoxuě, nǐ xiǎnghǎo zhège shǔjià qù nǎr lǚxíng le ma?
韩雪	Zánmen qù nánfāng kànkan zěnmeyàng?
崔智敏	Tīngshuō nàr zhùzhe hěn duō shǎoshù mínzú, shì ma?
韩雪	Shì a, érqiě fēngjǐng yě tèbié měi, jiùshì lí Běijīng yuǎn le diǎnr.
崔智敏	Yuǎn jiù yuǎn bei, lùshang shuōbudìng hái huì yǒu hěn duō jīngxǐ ne!
韩雪	Shuō de yě shì, zuì hǎo de fēngjǐng a, qíshí dōu zài lùshang.
崔智敏	Shǔjià rén duō, zánmen xiànzài jiù dìng jīpiào ba!

韩雪	Kànlái nǐ shì xiǎng zìyóuxíng lou? Bù xiǎng gēntuán ma?
崔智敏	Dàole yǐhòu zài bào ge dāngdì de tuán zěnmeyàng?
韩雪	Xíng, kàn yàngzi nǐ hěn yǒu jīngyàn a! Zánmen děi xiān zài wǎngshàng sōu yi sōu ba?
崔智敏	Shì de. érgiě xiànzài wǎngshàng yùdìng jīpiào hé jiǔdiàn yě dōu hěn fāngbiàn.
韩雪	Méi cuò, nà zán liǎ kuài diǎnr dìng xíngchéng ba!

본문 ②

요즘 갈수록 많은 사람들이 여행을 좋아하게 되었다. 패키지 여행 외에, 배낭여행이나 자동차 여행을 선택하는 젊은 이도 갈수록 많아졌다. 말하자마자 떠나는 여행은 종종 사람들에게 많은 아름다운 서프라이즈와 감동의 순간을 준다. 여정 중 우연히 만나게 되는 모든 사람, 모든 일, 모든 아름다운 경치가 평생 가장 잊기 어려운 추억이 될 수 있다.

한어병음

Zuìjìn, yuè lái yuè duō de rén xǐhuan shàng le lǚxíng. Chúle gēntuányóu yǐwài, xuǎnzé bēibāoyóu hé zìjiàyóu de niánqīng rén yě yuè lái yuè duō le. Yì chǎng shuō zǒu jiù zǒu de lǚxíng, chángchang néng ràng rén dédào xǔduō měilì de jīngxǐ, gǎndòng de shùnjiān. Lǚtú zhōng yùdào de měi yí ge rén, měi yí jiàn shì, měi yí ge měilì de jǐngsè, dōu yǒu kěnéng chéngwéi yìshēng zhōng zuì nánwàng de jiyì.

▶ 연습해 봐요

1 네가 모두 알지도 몰라.
엄마가 좋아할지도 몰라.
내일은 날씨가 좋아질지도 몰라.
그 사람도 언제 중국 갈지 잘 몰라.
说不定大家都想去呢。
爸爸说不定今天什么时候下班。
现在还说不定。
我也说不定以后要去哪里生活。

2 밥 먹고 가자.
앞으로 시간 있으면 다시 말하자.
수업 마치고 난 다음에 도서관으로 가자.

내가 사무실에 도착한 후에 다시 너에게 전화할게.
喝完这杯咖啡再走吧。
看完电影以后再吃饭吧。
大学毕业以后再找工作吧。
你到了中国再给我买吧。

3 보니까 그 사람 나이가 많지 않을 것 같아.
보니까 오늘 비가 안 올 것 같아.
보니까 그녀는 오늘 안 올 것 같아.
보니까 너희 두 사람 좋은 친구 같아.
看样子他很难过。
看样子他还是个大学生。
看样子他这个周末很忙。
看样子他也不打算去了。

4 그 사람들 계획 바꾼다고 말하고 바로 바꿔버릴 줄은 생각도 못 했어.
이렇게 비싼 물건을 어떻게 산다고 말하고 바로 살 수 있어!
처리한다고 말하면 처리해. 너 걱정 마, 나 널 위해 잘 처리할 거야.
이것은 그 사람이 나에게 준 선물인데, 어떻게 버린다고 하고 바로 버릴 수 있겠어!
咱说干就干，赶快开始吧。
你也太任性了，说走就走了？
说不去就不去，你也不用劝我了。
说不干就不干，不管他给多少钱。

▶ 묻고 답해 봐요!

1 A 너 베이징 가는 여행 일정 다 정했어?
B 거의 다 정했어.

2 A 이번에 너는 자유여행 할 거야 아니면 패키지여행 할 거야?
B 난 패키지 신청할 예정이야.

3 A 너 인터넷에서 최저가 찾았어?
B 찾았어.

4 A 갈수록 많은 젊은이들이 자가 운전 여행을 좋아하게 되었어.
B 그래, 길에서 또 많은 아름다운 경치를 만날 수 있어.

해석과 정답

▶ 외워 봐요!

81 그곳에 많은 소수 민족이 살고 있다고 들었어.

82 경치도 정말 아름다운데, 다만 베이징에서 좀 멀어.

83 멀면 멀라지 뭐.

84 길에 또 더 많은 서프라이즈가 있을지 몰라!

85 가장 좋은 경치는 사실 모두 길에 있어.

86 도착한 후에 현지 패키지 신청하는 것 어때?

87 패키지여행하고 싶지 않아?

88 보니까 너 경험이 정말 많구나!

89 갈수록 많은 사람들이 여행을 좋아하게 되었다.

90 여행 중에 만나는 아름다운 경치 모두 일생에서 가장 잊을 수 없는 추억이 될 수 있다.

10 | 就业
취업

▶ 말해 봐요!

본문 ①

최지민 한쉐, 너 요즘 아직 일자리 구하느라 바쁜 거야?

한쉐 응, 어제도 면접 하나 보러 갔어.

박명호 한국에서는 젊은이들이 직업을 구하는 것도 쉽지 않아.

최지민 요즘 대학생은 모두 유명한 대기업에 가고 싶어 하는데, 이것도 문제야.

가오펑 능력, 학력, 자격증, 어느 것 하나도 부족해서는 안 돼.

박명호 요즘 공무원과 교사도 굉장히 인기 있다고 들었어.

한쉐 그건 완전히 철밥통이니까!

가오펑 하지만 지금은 공무원 시험 보는 사람이 너무 많아.

최지민 내가 말하는데 한쉐, 너 어떤 일 구하고 싶어?

한쉐 나는 IT 업종과 관계있는 일자리를 구하고 싶어.

박명호 난 네가 반드시 구할 수 있을 거라고 믿어.

한어병음

崔智敏 Xiǎoxuě, nǐ zuìjìn hái zài mángzhe zhǎo gōngzuò ma?

韩雪 Shì a, zuótiān hái qù cānjiāle yí gè miànshì ne.

朴明浩 Zài Hánguó, niánqīng rén zhǎo gōngzuò yě bù róngyì.

崔智敏 Xiànzài de dàxuéshēng dōu xiǎng qù yǒumíng de dà gōngsī, zhè yě shì yí ge wèntí.

高朋 Nénglì, xuélì, zīgézhèng, shǎo le nǎ yí ge dōu bù xíng.

朴明浩 Tīngshuō zuìjìn gōngwùyuán hé jiàoshī yě tǐng rèmén de.

韩雪 Nà kě shì tiěfànwǎn a!

高朋 Búguò xiànzài kǎo gōngwùyuán de rén yě tài duō le.

崔智敏 Wǒ shuō Xiǎoxuě, nǐ xiǎng zhǎo ge shénme yàng de gōngzuò a?

韩雪 Wǒ xiǎng zhǎo ge gēn IT hángyè yǒuguān de gōngzuò.

朴明浩 Wǒ xiāngxìn nǐ yídìng néng zhǎodào.

본문 ②

말하면 당신이 믿지 않을 수도 있지만, 사회가 발전하고 있고, 과학도 발전하고 있어서 몇십 년 후에는 우리가 잘 알던 직업들이 점점 사라질 수도 있다. 우리가 지금 타이 피스트나 전화 교환원 등 이러한 직업을 볼 수 없는 것처럼 말이다. 어떤 사람은 운전기사, 은행원 같은 이런 직업이 앞으로 점점 사라질 것이라고 말한다. 하지만 창의적이거나 분석을 해야 하는 직업들은 갈수록 많은 주목을 받을 것이다.

한어병음

Shuō qǐlai nǐ kěnéng huì bù xiāngxìn, shèhuì zài jìnbù, kēxué zài fāzhǎn, jǐ shí nián yǐhòu, yìxiē wǒmen hěn shúxī de zhíyè kěnéng jiù huì mànmānr xiāoshī le. Jiù xiàng wǒmen xiànzài yǐjīng kàn bu dào dǎzìyuán、diànhuà jiēxiànyuán děng zhèxiē zhíyè yíyàng. Yǒu rén shuō, xiàng sījī, yínhángyuán zhèyàng de zhíyè, yǐhòu yě huì zhújiàn xiāoshī. Dànshì, yìxiē xūyào chuàngyì huò xūyào fēnxī de zhíyè, zé huì shòudào yuè lái yuè duō de guānzhù.

▶ 연습해 봐요!

1 이 일은 나하고만 관계가 있다.
전 중국어와 관련이 있는 직업을 찾고 싶어요.
너는 역사와 관련된 책들을 많이 봐야 해.

이것은 종교와 관련 있는 이야기야.

这件事跟他有关吗？

这是一份跟贸易有关的工作。

他读了很多跟他专业有关的书。

我觉得她肯定跟这件事有关。

2 그는 신나게 웃기 시작했다.

그 사람들 모두 노래를 부르기 시작했다.

그 사람이 만약 묻는다면 너는 모른다고 말해.

말하기 정말 미안하지만 나 또 잊어버렸어.

听起来容易，做起来难。

天突然下起雨来了。

两只小狗突然打起来了。

说起来你可能会觉得很好笑。

3 그녀의 얼굴은 사과처럼 예쁘다.

그 사람의 마음은 바다처럼 넓다.

네 딸은 너처럼 똑똑해.

이 아이는 아빠처럼 책 보는 것을 좋아한다.

他们俩像亲兄弟一样。

我们就像老朋友一样。

他像年轻人一样喜欢上网。

他看到我像看到陌生人一样。

4 너 좀 큰 소리로 해, 나 들을 수가 없어.

너는 일자리를 찾을 수 없을까 봐 걱정할 필요 없어.

어떤 일은 네가 상상할 수 없는 일이야.

이런 휴대전화는 지금 이미 볼 수 없게 되었어.

去了也学不到什么东西。

这种菜在中国吃不到。

这本书现在已经买不到了。

这种门在中国已经见不到了。

▶ 묻고 답해 봐요!

1 A 듣기로는 너 요즘 공무원 시험 준비하고 있다며?

B 그래, 바빠 죽을 지경이야.

2 A 너 어떤 일 찾고 싶은데?

B 교육 업종과 관련 있는 거면 돼.

3 A 샤오왕, 듣기로 너 자격증 여러 개 있다며!

B 무슨, 아직 몇 개 더 시험 치고 싶은걸.

4 A 너 이 업종 어떻게 생각해?

B 나는 갈수록 관심을 받을 거라고 생각해.

▶ 외워 봐요!

91 어제 또 면접 하나 봤어.

92 젊은 사람들이 일자리 찾는 것도 쉽지 않아.

93 어느 하나도 부족해서는 안 돼.

94 요즘 공무원도 엄청 인기 있다고 들었어.

95 그건 완전히 철밥통이잖아!

96 너는 어떤 일자리 찾고 싶어?

97 나는 IT 업종에 더 흥미가 있어.

98 나는 네가 틀림없이 찾을 수 있을 거라고 믿어.

99 말하면 넌 아마 믿지 못할 거야.

100 일부 직업은 아마 천천히 사라지게 될 수도 있어.

06-10 复习 2
복습 2

▶ 핵심 문형

06 A 이번 중간고사 어땠어?

B 요즘 계속 일자리 찾느라 바빠서 결국 망쳤어!

A 기말고사에 한 번 더 기회가 있잖아.

B 그러게. 사실 이번 시험은 나도 잘 못 쳐서, 겨우 85점이야.

07 A 너 봐 봐, 모든 자리마다 작은 선물 하나씩 있는 것 같아.

B 응, 신혼부부는 보통 안에 결혼 사탕들을 넣어서 하객에게 감사를 표시해.

A 어쩐지 이전에 중국 친구가 우리 언니한테 "언제 결혼사탕 먹어"라고 묻더니, 알고 보니 '언제 결혼하는지'를 묻고 싶은 거였구나.

B 맞아, 저 사람들 내일 바로 신혼여행 떠난대!

08 A 우리 함께 두 팀 응원하러 가자.

B 좋아! 그런데 내가 산 표가 할인된 표여서 위치가 별로 안 좋아.

A 상관없어. 집에서 텔레비전 생중계 보는 것보다는 그래도 재밌을 거야.

B 그렇고 말고! 우리 가서 현장 분위기 한껏 느껴 보자.

09 A 남쪽 지방에 많은 소수민족이 산다고 들었어. 그러니?

B 그럼, 게다가 경치도 정말 아름다워. 단지 베이징에서 좀 멀리 떨어져 있어.

A 멀면 멀라지 뭐, 여행 도중에 또 더 많은 서프라이즈가 있을지 몰라.

B 그것도 그렇네, 제일 좋은 경치는 사실 모두 길에 있어.

10 A 어제 면접 하나 보러 갔어.

B 한국에서는 젊은이들이 직업을 구하는 것도 쉽지 않아.

A 요즘 대학생은 모두 유명한 대기업에 가고 싶어 하는데, 이것도 문제야.

B 능력, 학력, 자격증, 어느 것 하나도 부족해서는 안 돼.

▶ 说一说

1 A 你们班期中考试的平均分是多少啊?

B 平均分不知道，不过听说大家都开夜学习呢。

A 我看你们啊，都是"临时抱佛脚"，所以才没考好。

B 是啊，要想考出好成绩，平时得多努力才行。

2 A 这个周末你打算做什么?

B 在家听听音乐，休息休息。

A 这个周末我姐姐结婚，你想跟我一起去看看吗?

B 好啊! 我还从来没参加过中国人的婚礼呢!

3 A 我这儿有两张足球赛的门票。

B 哇，是韩中青少年足球赛呢!

A 是啊，明天晚上七点，怎么样，有时间吗?

B 看来你是个球迷啊! 明天我正好有时间，陪你一起去吧。

4 A 暑假人多，咱们现在就订机票吧!

B 看来你是想自由行喽? 不想跟团吗?

A 到了以后再报个当地的团怎么样?

B 行! 看样子你很有经验啊。咱们得先在网上搜一搜吧?

5 A 现在考公务员的人太多了。

B 你想找个什么样的工作啊?

A 我想找个跟IT行业有关的工作。

B 我相信你一定能找到。

▶ 听一听

1 (1) ✕

(2) B 开夜车

(3) 女的觉得这次考试"临时抱佛脚"，所以没考好。

녹음대본　　　　　　　　　　MP3 ♪ 02-02

女: 这次期中考试考砸了。

男: 你不是最近一直都在开夜车学习吗?

女: "临时抱佛脚"，哪能考好啊!

男: 也是，平时得好好儿学习才能考好。

女: 听说你笔记做得挺好，考得也很不错，下次把你的借给我看看。

男: 没问题。做好笔记，回家好好儿复习就能考好。

여 : 이번 중간고사 망쳤어.

남 : 너 요즘 계속 밤새워서 공부하지 않았어?

여 : '벼락치기'로 어떻게 시험을 잘 칠 수 있겠어!

남 : 그것도 그래, 평소에 열심히 공부해야 시험을 잘 칠 수 있어.

여 : 듣기로 너 노트 필기 잘 했고, 시험도 잘 쳤다며, 다음에 네 것 나한테도 좀 빌려줘.

남 : 문제없어. 필기 잘 하고, 집에 가서 복습 열심히 하면 시험 잘 칠 수 있어.

2 (1) ○

(2) D 旅行结婚

(3) 男的觉得结婚时两个人在一起，才是最重要的。

녹음대본　　　　　　　　　　MP3 ♪ 02-02

女: 什么时候吃你的喜糖啊?

男: 快了，我们打算今年结婚。

女: 祝贺祝贺。在哪儿办婚礼啊?

男: 不办婚礼，我们准备旅行结婚。

女: 是吗? 你爱人也同意了吗?

男: 当然啊，我们都觉得，两个人在一起，才是最重要的。

여 : 언제 네 결혼 사탕 먹는 거야?

남 : 곧 다 됐어, 우리 올해 결혼할 생각이야.

여 : 축하해, 축하해. 어디에서 결혼식 해?

남 : 결혼식은 안 하고, 여행 결혼을 할 생각이야.

여 : 그래? 네 와이프도 동의했어?

남 : 당연하지, 우리는 두 사람이 함께 있는 것이야말로 가장 중요하다고 생각해.

3 (1) ×

(2) C 能感受现场气氛

(3) 因为男的能买到折扣票。

녹음대본　MP3 ♪ 02-02

女 : 这个周末有韩中足球比赛，你知道吗？

男 : 知道。咱们看电视直播还是去看现场比赛呢？

女 : 赛场有点儿远，但我还是想去现场看。

男 : 我也想去好好儿感受一下现场气氛，一起去给中国队加油。

女 : 门票很贵吧？

男 : 不用担心，我能买到折扣票。

여 : 이번 주말에 한중 축구 시합 있는데, 너 알아?

남 : 알아. 우리 텔레비전 생중계 볼까 아니면 현장 관람하러 갈까?

여 : 경기장이 좀 멀긴 하지만, 난 그래도 현장에 가서 보고 싶어.

남 : 나도 가서 현장 분위기를 한껏 느껴 보고 싶어, 함께 가서 중국팀 응원하자.

여 : 입장권 비싸지?

남 : 걱정 마, 내가 할인표 살 수 있어.

4 (1) ×

(2) A 网上

(3) 因为男的觉得跟团游太不自由，他想一个人慢慢地边走边看。

녹음대본　MP3 ♪ 02-02

女 : 听说你下个月要去美国旅行，你打算跟团游还是自由行啊？

男 : 跟团游太不自由，我想一个人慢慢儿地边走边看。

女 : 那你预订好机票和酒店了吗？

男 : 已经都订好了，我是在网上订的。

女 : 那你的行程也都定好了吧？

男 : 到了以后，我打算再报一个当地的团。

여 : 듣기로는 너 다음 달에 미국 여행 간다던데, 패키지로 갈 거야 아니면 자유 여행 할 거야?

남 : 패키지여행은 자유롭지 않잖아, 나는 혼자서 천천히 걸으면서 보고 싶어.

여 : 그럼 너 항공권과 호텔은 예약했어?

남 : 이미 예약 다 했지, 나는 인터넷으로 예약했어.

여 : 그럼 너 여행 일정도 모두 다 정했겠네.

남 : 도착한 후에, 난 다시 현지 여행팀 신청할 생각이야.

5 (1) ×

(2) A 外貌

(3) 男的在准备考公务员。

녹음대본　MP3 ♪ 02-02

女 : 我今天去参加面试了。人可多了！

男 : 是吗？什么样的公司啊？

女 : 是一家跟IT行业有关的公司。

男 : 现在找工作太难了，公司要求都很高。

女 : 能力、学历、资格证，少了哪一个都不行。听说你在准备考公务员？

男 : 试一试吧，反正都挺难的。

여 : 나 오늘 면접 갔었어. 사람 완전 많았어!

남 : 그래? 어떤 회사야?

여 : IT 업종과 관계있는 회사야.

남 : 지금은 일자리 찾기가 너무 어려워, 회사의 요구도 높아.

여 : 능력, 학력, 자격증, 어느 하나도 부족해서는 안 돼. 너 공무원 시험 준비한다며?

남 : 한번 해 보려고, 아무튼 모두 엄청 어려워.

▶ 读一读

1 지난주에 나는 면접시험을 보러 갔는데, 그곳은 IT 업종과 관련 있는 회사이다. 면접을 준비하기 위해서 나는 며칠 연달아 밤을 새웠고, 그 결과 학교 시험을 준비할 시간이 없었다. 시험 이틀 전에야 '벼락치기'를 했지만 시험을 망친 것은 말할 것도 없고, 면접 본 회사도 떨어졌다고 통보해 왔다. 앞으로, 나는 교훈을 얻어서 반드시 미리 준비할 것이다. 지금 대학생들은 정말 쉽지 않아서, 공부도 대충해서는 안 되고 취업도 노력해야 한다. 특히 3, 4학년이 되면, 어떤 친구들은 일자리를 찾고, 어떤 학생들은 대학원을 준비하느라 바쁘게 살며, 모두 자신의 꿈을 실현하기 위해 끊임없이 노력한다.

2 평소에 나는 공부하느라 바빠서 난 주말에도 여유가 없

다. 지난 주말에 난 중국 친구의 결혼식에 갔다. 중국 사람들은 결혼식에 가서 축의금을 낼 때 보통 홍바오를 주고, 결혼식 때 신부는 또 붉은 예복으로 갈아입고 손님에게 술을 올리며, 손님에게 주는 선물도 붉은색의 작은 포장 봉투에 담는다. 보니까 중국인은 경사스런 일을 치를 때 정말 붉은색을 좋아하는 것 같다. 지지난 주말 나는 친구와 중한 축구 시합을 보러 갔다. 나는 현장에 가서 한국 팀을 응원하였고, 현장 분위기를 한껏 느꼈다. 이번 주말에 나는 친구와 함께 카페에 가서 여행 계획을 잘 짜 볼 계획인데, 이번 여름 방학 때 우리는 남쪽 지방으로 여행을 가려고 하기 때문이다.

▶ 写一写

1 最近我一直在忙着找工作。
Zuìjìn wǒ yìzhí zài mángzhe zhǎo gōngzuò.

2 这次我考砸了。
Zhè cì wǒ kǎozá le.

3 大家都开夜车学习呢。
Dàjiā dōu kāi yèchē xuéxí ne.

4 要想考出好成绩，平时得多努力才行！
Yào xiǎng kǎochū hǎo chéngjì, píngshí děi duō nǔlì cái xíng!

5 我还从来没参加过中国人的婚礼呢！
Wǒ hái cónglái méi cānjiāguo Zhōngguó rén de hūnlǐ ne!

6 好像每个座位上都有一件小礼物呢。
Hǎoxiàng měi ge zuòwèi shàng dōu yǒu yí jiàn xiǎo lǐwù ne.

7 怪不得这次没考好，原来你没好好儿复习。
Guàibude zhè cì méi kǎohǎo, yuánlái nǐ méi hǎohāor fùxí.

8 原来是想问她"什么时候结婚"呢。
Yuánlái shì xiǎng wèn tā "shénme shíhou jiéhūn" ne.

9 我这儿有两张足球赛的门票。
Wǒ zhèr yǒu liǎng zhāng zúqiú sài de ménpiào.

10 总比在家看电视直播有意思啊。
Zǒng bǐ zài jiā kàn diànshì zhíbō yǒu yìsi a.

11 你可真会说话啊！
Nǐ kě zhēn huì shuōhuà a!

12 我几乎都不会错过。
Wǒ jīhū dōu bú huì cuòguò.

13 风景也特别美，就是离北京远了点儿。
Fēngjǐng yě tèbié měi, jiùshì lí Běijīng yuǎn le diǎnr.

14 远就远呗。
Yuǎn jiù yuǎn bei.

15 路上说不定还会有很多惊喜呢！
Lùshang shuōbudìng hái huì yǒu hěn duō jīngxǐ ne!

16 最好的风景啊，其实都在路上。
Zuì hǎo de fēngjǐng a, qíshí dōu zài lùshang.

17 少了哪一个都不行。
Shǎo le nǎ yí ge dōu bù xíng.

18 听说最近公务员也挺热门的。
Tīngshuō zuìjìn gōngwùyuán yě tǐng rèmén de.

19 我对IT行业更感兴趣。
Wǒ duì IT hángyè gèng gǎn xìngqù.

20 说起来你可能会不相信。
Shuō qǐlai nǐ kěnéng huì bù xiāngxìn.

L

M

N

奶酪	nǎilào	48(03)
难道	nándào	100(06)
南方	nánfāng	140(09)
难怪	nánguài	62(04)
难看	nánkàn	36(02)
难忘	nánwàng	48(03)
能力	nénglì	154(10)
年级	niánjí	98(06)
年轻	niánqīng	62(04)
浓	nóng	76(05)
弄	nòng	99(06)
女儿	nǚ'ér	157(10)

P

旁听	pángtīng	98(06)
泡	pào	62(04)
跑步	pǎobù	126(08)
批评	pīpíng	38(02)
疲劳	píláo	76(05)
便宜	piányi	34(02)
片	piàn	77(05)
平均	píngjūn	98(06)
平时	píngshí	98(06)
普通	pǔtōng	36(02)

Q

期末	qīmò	98(06)
奇怪	qíguài	129(08)
气氛	qìfēn	126(08)
切	qiē	50(03)
亲	qīn	159(10)
亲口	qīnkǒu	51(03)

亲身	qīnshēn	51(03)
亲手	qīnshǒu	48(03)
亲眼	qīnyǎn	51(03)
清淡	qīngdàn	76(05)
青少年	qīngshàonián	126(08)
轻松	qīngsōng	62(04)
请客	qǐngkè	126(08)
球迷	qiúmí	126(08)
球赛	qiúsài	126(08)

R

热门	rèmén	154(10)
人生	rénshēng	112(07)
任性	rènxìng	143(09)
日子	rìzi	49(03)
容易	róngyì	154(10)

S

赛	sài	126(08)
赛场	sàichǎng	167(복습2)
傻	shǎ	130(08)
商品	shāngpǐn	62(04)
上面	shàngmiàn	48(03)
上学	shàngxué	79(05)
少	shǎo	34(02)
少数	shǎoshù	140(09)
社会	shèhuì	154(10)
身体	shēntǐ	76(05)
什么样	shénme yàng	34(02)
甚至	shènzhì	112(07)
生活用品	shēnghuó yòngpǐn	91(복습1)
生意	shēngyi	130(08)

MEMO

중국어뱅크 | 한국인의 한국인에 의한 한국인을 위한 중국어 회화 시리즈

THE GOD OF CHINESE

중국어의신

워크북 홀수

STEP 3

동양북스

중국어뱅크 | 한국인의 한국인에 의한 한국인을 위한 중국어 회화 시리즈

중국어의 신

THE GOD OF CHINESE

워크북

STEP **3**

동양북스

说 말하기

1. 다음 문장을 중국어로 말해 보세요.

(1) 너 중국 온 지 얼마나 되었니?

(2) 나 7월에 왔으니까, 거의 두 달 다 되어 가.

(3) 너는 중국 음식이 네 입맛에 맞니?

(4) 나 중국 음식 정말 좋아해.

2. 다음 대화에 어울리는 내용을 중국어로 말해 보세요.

(1) A : 你能吃辣的吗?

B : _____

(2) A : 你来韩国多长时间了?

B : _____

(3) A : _____

B : 我还没尝过呢。

(4) A : _____

B : 四川菜在韩国挺受欢迎的。

3. 다음 그림의 상황에 알맞게 대화를 만들어 보세요.

(1) 　　A : _____

　　B : _____

　　A : _____

　　B : _____

(2)

A: _____

B: _____

A: _____

B: _____

4. 본문의 내용을 생각하며 다음 질문에 답해 보세요.

(1) 崔智敏来中国多长时间了?

(2) 崔智敏觉得中国菜合她的口味吗?

(3) 他们学校附近有没有麻辣烫饭馆儿?

(4) 他们打算什么时候去吃四川菜?

5. 다음 제시어를 이용하여 중국어로 이야기를 만들어 말해 보세요.

제시어

周末　饭馆儿　地道　麻辣烫

_____

_____

_____

_____

_____

01 | 中国菜

写 쓰기

1. 다음 단어의 중국어와 한어병음을 쓰세요.

(1) 입맛　　ⓒ＿＿＿＿＿　ⓟ＿＿＿＿＿　　(2) 진짜의　ⓒ＿＿＿＿＿　ⓟ＿＿＿＿＿

(3) 얼얼하다　ⓒ＿＿＿＿＿　ⓟ＿＿＿＿＿　　(4) 맵다　　ⓒ＿＿＿＿＿　ⓟ＿＿＿＿＿

(5) 꼬치구이　ⓒ＿＿＿＿＿　ⓟ＿＿＿＿＿　　(6) 종류　　ⓒ＿＿＿＿＿　ⓟ＿＿＿＿＿

(7) 풍부하다　ⓒ＿＿＿＿＿　ⓟ＿＿＿＿＿　　(8) 서로 같다　ⓒ＿＿＿＿＿　ⓟ＿＿＿＿＿

2. 다음 빈칸에 들어갈 알맞은 단어를 쓰세요.

(1) 我们学校附近有很多好吃的＿＿＿＿＿＿＿＿（fànguǎnr）。

(2) 我们有时去吃北京菜，有时去吃东北菜；有时去吃＿＿＿＿＿＿＿（huǒguō），有时去吃烤串儿。

(3) 中国菜的种类特别丰富，味道也＿＿＿＿＿＿＿（gè）不相同。

(4) 几乎每个人都能找到一家＿＿＿＿＿＿＿（hé）自己口味的饭馆儿。

3. 다음 제시된 중국어를 재배열하여 문장을 완성하세요.

(1) 餐馆 / 口味 / 这 / 的 / 正 / 家 / 合 / 她　▶＿＿＿＿＿＿＿＿＿＿＿＿＿＿＿＿＿

(2) 心 / 这 / 可 / 我 / 放 / 了 / 下　▶＿＿＿＿＿＿＿＿＿＿＿＿＿＿＿＿＿

(3) 欢迎 / 这 / 很 / 手机 / 韩国 / 在 / 受 / 种　▶＿＿＿＿＿＿＿＿＿＿＿＿＿＿＿＿＿

(4) 我 / 你 / 去 / 了 / 就 / 找 / 咖啡 / 喝　▶＿＿＿＿＿＿＿＿＿＿＿＿＿＿＿＿＿

4. 주어진 문장을 모방하여 제시된 한국어의 의미에 맞게 중국어로 쓰세요.

(1) 快十点了，爸爸怎么还没回来呢?
　　▸ 곧 9시인데, 차가 왜 아직 안 왔지?

　　ⓒ _____

(2) 他们班的老师可好了。
　　▸ 우리 반 친구들 정말 노력해.

　　ⓒ _____

(3) 这种手机在韩国很受欢迎。
　　▸ 이 가수는 한국에서 엄청 인기 좋아.

　　ⓒ _____

(4) 我有时去外面吃饭，有时自己在家做饭。
　　▸ 자기 전에 나는 어떤 때는 음악을 듣고, 어떤 때는 휴대전화 가지고 놀아.

　　ⓒ _____

5. 제시된 단어를 포함하여 그림의 상황에 알맞은 문장을 만들어 보세요.

(1) 제시어 ▸ 差不多

(2) 제시어 ▸ 口味

(3) 제시어 ▸ 地道

(4) 제시어 ▸ 丰富

_____　_____　_____　_____

读 읽기

1. 다음 문장을 소리 내어 읽어 보세요.

(1) 今年的冬天可冷了。

(2) 快开学了，我还没买好教材呢。

(3) 听说过年的时候，这种食品是最受欢迎的礼物。

(4) 周末我有时在家休息，有时出去见朋友。

2. 빈칸에 들어갈 알맞은 단어를 보기에서 고르세요.

보기
Ⓐ 长　　Ⓑ 快　　Ⓒ 新　　Ⓓ 可

(1) 你来中国多＿＿＿＿＿＿＿时间了？

(2) 差不多＿＿＿＿＿＿＿两个月了吧。

(3) 我＿＿＿＿＿＿＿喜欢吃中国菜了。

(4) 学校附近刚＿＿＿＿＿＿＿开了一家麻辣烫。

3. 제시된 단어의 알맞은 위치를 고르세요.

(1) 就　　　我Ⓐ看完了Ⓑ还Ⓒ给Ⓓ你。

(2) 还　　　Ⓐ快Ⓑ开学了，我Ⓒ没买好Ⓓ教材呢。

(3) 带　　　那Ⓐ这个周末Ⓑ我Ⓒ你去尝尝Ⓓ地道的中国菜吧。

(4) 受　　　Ⓐ又麻又辣的川菜Ⓑ最近Ⓒ在韩国也很Ⓓ欢迎呢！

4. 아래 질문의 대답으로 알맞은 것을 보기에서 고르세요.

보기

ⓐ 不，我一般自己做饭吃。　　　ⓑ 我不想去外面吃。

ⓒ 我觉得特别地道。　　　　　　ⓓ 可受欢迎了。

ⓔ 有，最近新开了一家。　　　　ⓕ 又麻又辣，我不太喜欢吃。

⑴ 川菜在韩国受欢迎吗？　　　（　　）　　⑵ 这个菜合你的口味吗？　　　（　　）

⑶ 你常常去外面吃饭吗？　　　（　　）　　⑷ 咱们学校附近有没有中餐馆？（　　）

5. 다음 글을 읽고 질문에 답하세요.

　　我家附近有很多好吃的饭馆儿。每到周末，我都会跟家人一起去外面找一家好吃的饭馆儿吃饭。我妈妈爱吃中国菜，爸爸爱吃韩国菜，我呢，两个都挺喜欢的。我觉得中国菜的种类特别丰富，味道也各不相同。韩国菜虽然有点儿辣，但是很合我的口味。最近我家附近还新开了一家越南*米粉*店，米粉的味道特别地道，我们全家*都很喜欢。

越南 Yuènán 고유 베트남 | 米粉 mǐfěn 명 쌀국수 | 全家 quánjiā 명 온 가족

⑴ 判断对错：我们家每个人的口味都不太一样。（　　）

⑵ 判断对错：每到周末，我都会跟家人一起去中国饭馆儿吃饭。（　　）

⑶ 问："我"觉得中国菜怎么样？

　　_____

⑷ 问：最近我们全家都喜欢去的是一家什么饭馆儿？

　　_____

01 | 中国菜

听 듣기

1. 녹음을 듣고 알맞은 중국어 단어를 쓰세요. 🎧 MP3 **w01-01**

(1) _____   (2) _____

(3) _____   (4) _____

2. 녹음을 듣고 빈칸에 알맞은 내용을 쓰세요. 🎧 MP3 **w01-02**

我们学校附近有很多好吃的饭馆儿。周末时，我常常跟同屋一起去 (1)_____吃饭。有时去吃北京菜，有时去吃东北菜；有时去吃火锅，有时去吃 (2)_____。中国菜的种类特别 (3)_____，味道也各不 (4)_____。但几乎每个人都能找到一家合自己口味的饭馆儿。

3. 녹음의 질문을 듣고 대답으로 가장 알맞은 것을 고르세요. 🎧 MP3 **w01-03**

(1) Ⓐ 这个周末我想在家休息　　　　Ⓑ 好啊，周末我可以去
　　Ⓒ 这个周末我很忙　　　　　　Ⓓ 今天不行，我下了课还要去图书馆呢

(2) Ⓐ 我现在不想去　　　　　　　Ⓑ 有啊，有好多呢
　　Ⓒ 我还没尝过　　　　　　　　Ⓓ 可好吃了

(3) Ⓐ 我喜欢吃中国菜　　　　　　Ⓑ 有很多中餐馆
　　Ⓒ 有时候去　　　　　　　　　Ⓓ 我现在不在韩国

(4) Ⓐ 有点儿辣　　　　　　　　　Ⓑ 挺合我的口味的
　　Ⓒ 这不是地道的东北菜　　　　Ⓓ 我不会做

4. 녹음의 대화를 듣고 다음 문장이 맞으면 ○, 틀리면 X를 표시하세요.

 MP3 w01-04

(1) 女的想吃火锅。 ( )

(2) 女的觉得那家饭馆儿有点儿贵，还不好吃。 ( )

(3) 男的学汉语已经一年了。 ( )

(4) 男的用过中国的手机。 ( )

5. 녹음의 대화를 듣고 다음 질문에 알맞은 답을 고르세요.

MP3 w01-05

(1) 1) 问：女的觉得中国菜怎么样？

   Ⓐ 她不吃中国菜　　　　　　　Ⓑ 很合她的口味

   Ⓒ 她有时吃日本菜　　　　　　Ⓓ 她不喜欢吃辣的

   2) 问：女的周末都去哪儿吃饭？

   _____

(2) 1) 问：女的现在用的手机怎么样？

   Ⓐ 在韩国不受欢迎　　　　　　Ⓑ 很漂亮

   Ⓒ 很贵　　　　　　　　　　　Ⓓ 在中国很受欢迎

   2) 问：男的在用哪种手机？他觉得这种手机怎么样？

   _____

03 | 生日

说 말하기

1. 다음 문장을 중국어로 말해 보세요.

(1) 축하해! 오늘이 너 '귀빠진 날'이라며!

(2) 너희들이 내 생일을 함께 보내 줘서 고마워!

(3) 이건 정말 내가 가장 좋아하는 치즈 케이크네!

(4) 또 널 위한 선물도 샀어, 열어 봐 봐.

2. 다음 대화에 어울리는 내용을 중국어로 말해 보세요.

(1) A : 今天是你的生日吗?

　　B : _____

(2) A : 我可以打开看看吗?

　　B : _____

(3) A : _____

　　B : 哇，好特别的生日礼物啊!

(4) A : _____

　　B : 没吃到海带汤，但是吃了长寿面。

3. 다음 그림의 상황에 알맞게 대화를 만들어 보세요.

(1)

A : _____

B : _____

A : _____

B : _____

(2)   A : _____

              B : _____

              A : _____

              B : _____

4. 본문의 내용을 생각하며 다음 질문에 답해 보세요.

   (1) "长尾巴" 是什么意思?

   (2) 崔智敏喜欢吃哪种蛋糕?

   (3) 朋友们给崔智敏准备的礼物是什么?

   (4) 崔智敏想请朋友们吃什么?

5. 다음 제시어를 이용하여 중국어로 이야기를 만들어 말해 보세요.

   제시어

   生日　　礼物　　感动　　特别

_____

_____

_____

_____

_____

_____

写 쓰기

1. 다음 단어의 중국어와 한어병음을 쓰세요.

(1) 축하하다 ⓒ_____ ⓟ_____ (2) 치즈 ⓒ_____ ⓟ_____

(3) 양초 ⓒ_____ ⓟ_____ (4) 소원을 빌다 ⓒ_____ ⓟ_____

(5) 단체 사진 ⓒ_____ ⓟ_____ (6) 만족하다 ⓒ_____ ⓟ_____

(7) 미역 ⓒ_____ ⓟ_____ (8) 직접, 스스로 ⓒ_____ ⓟ_____

2. 다음 빈칸에 들어갈 알맞은 단어를 쓰세요.

(1) 今年是我第一次在中国_____生日。
（guò）

(2) 早上，我接到了爸爸、妈妈和姐姐的电话，他们都_____我生日快乐。
（zhù）

(3) 虽然我没吃到妈妈做的_____，但是我的朋友亲手给我做了一个奶酪蛋糕。
（hǎidài tāng）

(4) 我很感动，因为朋友们陪我度过了一个_____的生日。
（nánwàng）

3. 다음 제시된 중국어를 재배열하여 문장을 완성하세요.

(1) 西瓜 / 这个 / 看看 / 把 / 切开 / 你 ▶_____

(2) 可爱 / 只 / 这 / 小狗 / 好 / 啊 ▶_____

(3) 件 / 这 / 是 / 他 / 我 / 亲口 / 的 / 告诉 / 事 ▶_____

(4) 度过 / 他 / 我 / 了 / 的 / 难忘 / 陪 / 一天 ▶_____

4. 주어진 문장을 모방하여 제시된 한국어의 의미에 맞게 중국어로 쓰세요.

(1) 今年的春节你打算在哪儿过啊？
　　▶ 올해 생일 너는 어떻게 보낼 생각이야?

　　ⓒ _____

(2) 他的生日礼物我已经买好了。
　　▶ 네 옷 이미 다 세탁했어.

　　ⓒ _____

(3) 好大的雨啊，咱们别出去了吧。
　　▶ 엄청 강한 바람이야, 우리 집으로 돌아가자.

　　ⓒ _____

(4) 这里的咖啡真难喝。
　　▶ 식당 음식 정말 맛없다.

　　ⓒ _____

5. 제시된 단어를 포함하여 그림의 상황에 알맞은 문장을 만들어 보세요.

(1) 　(2) 　(3) 　(4)

제시어 ▶ **陪**　　제시어 ▶ **蜡烛**　　제시어 ▶ **特别**　　제시어 ▶ **难忘**

_____　_____　_____　_____

读 읽기

1. 다음 문장을 소리 내어 읽어 보세요.

(1) 日子会越过越好的。

(2) 饭都做好了，怎么还不来吃啊？

(3) 等他来了以后再打开礼物吧。

(4) 好长时间没有他的消息了。

2. 빈칸에 들어갈 알맞은 단어를 보기에서 고르세요.

보기

Ⓐ 点　Ⓑ 可　Ⓒ 好　Ⓓ 开

(1) 这＿＿＿＿＿＿是我最喜欢的奶酪蛋糕！

(2) 蜡烛＿＿＿＿＿＿好了，大家一起唱生日歌吧。

(3) 还给你买了礼物呢，打＿＿＿＿＿＿看看吧。

(4) ＿＿＿＿＿＿漂亮的杯子啊，上面还有咱们的合影呢！

3. 제시된 단어의 알맞은 위치를 고르세요.

(1) 亲　　　Ⓐ 你去 Ⓑ 身 Ⓒ 体验一下就 Ⓓ 知道了。

(2) 度过　　每个人都 Ⓐ 用 Ⓑ 不同的方式* Ⓒ 自己的 Ⓓ 生日。　　♪方式 fāngshì 몡 방식, 방법

(3) 难　　　Ⓐ 这件 Ⓑ 事情真 Ⓒ 办 Ⓓ 。

(4) 也　　　Ⓐ 一件 Ⓑ 没有 Ⓒ 收到 Ⓓ 。

4. 아래 질문의 대답으로 알맞은 것을 보기에서 고르세요.

보기

Ⓐ 我打算和我的朋友一起过。　　Ⓑ 早就买好了。

Ⓒ 我不想去那儿买蛋糕。　　　　Ⓓ 吃了，妈妈一大早*就给我煮了长寿面。

Ⓔ 你不喜欢吃面吗？　　　　　　Ⓕ 我给他买了一束*花。

一大早 yídàzǎo 이른 아침 | 束 shù 양 다발, 묶음

⑴ 你给爸爸买生日蛋糕了吗？　（　　）　　⑵ 今年的生日你打算怎么过？　（　　）

⑶ 你给他准备了什么生日礼物？（　　）　　⑷ 今天你吃长寿面了吗？　　　（　　）

5. 다음 글을 읽고 질문에 답하세요.

　　　　今年是我第一次在中国过生日。早上，我接到了爸爸、妈妈和姐姐的电话，他们都祝我生日快乐。中午我的朋友都来我的宿舍陪我过生日了。他们给我带来了一件十分特别的生日礼物，那就是他们亲手给我做的一盒心形*巧克力。虽然我没吃到妈妈做的海带汤，但我和我的朋友一起唱生日歌，点蜡烛，吃蛋糕，度过了一个难忘的生日。

心形 xīn xíng 하트 모양

⑴ 判断对错：这是"我"第一次在中国过生日。　　　　（　　）

⑵ 判断对错：生日这天"我"给爸爸妈妈打了一个电话。（　　）

⑶ 问：朋友们为"我"准备了一件什么样的生日礼物？

为 wèi 젠 ～에게, ～을 위하여

_____

⑷ 问：今年的生日*"我"是怎么度过的？

_____

03 | 生日

1. 녹음을 듣고 알맞은 중국어 단어를 쓰세요. ∩ MP3 **w03-01**

(1) _____ (2) _____

(3) _____ (4) _____

2. 녹음을 듣고 빈칸에 알맞은 내용을 쓰세요. ∩ MP3 **w03-02**

今年是我(1)_____在中国过生日。早上，我接到了爸爸、妈妈和姐姐的电话，他们都祝我生日快乐。虽然我没吃到妈妈做的(2)_____，但是我的朋友亲手给我做了一个(3)_____蛋糕。我很(4)_____，因为朋友们陪我度过了一个难忘的生日。

3. 녹음의 질문을 듣고 대답으로 가장 알맞은 것을 고르세요. ∩ MP3 **w03-03**

(1) Ⓐ 这是我亲手做的蛋糕　　　　Ⓑ 两种都想尝尝
　　Ⓒ 我买了奶酪蛋糕　　　　　　Ⓓ 我没吃巧克力蛋糕

(2) Ⓐ 还没买好　　　　　　　　　Ⓑ 我不要礼物
　　Ⓒ 昨天妈妈买了　　　　　　　Ⓓ 我收到礼物了

(3) Ⓐ 谢谢你们来陪我过生日　　　Ⓑ 我一般跟家人一起吃饭
　　Ⓒ 今天我请大家吃长寿面　　　Ⓓ 我度过了一个难忘的生日

(4) Ⓐ 我没时间去买巧克力　　　　Ⓑ 是啊，你尝尝
　　Ⓒ 我很喜欢吃巧克力　　　　　Ⓓ 我会做

4. 녹음의 대화를 듣고 다음 문장이 맞으면 ○, 틀리면 X를 표시하세요. MP3 w03-04

(1) 女的今年没有陪妈妈过生日。　　　　（　　）

(2) 男的已经买好了爸爸的礼物。　　　　（　　）

(3) 男的觉得虽然风大，但还是要出去。　（　　）

(4) 他们打算一起点蜡烛。　　　　　　　（　　）

5. 녹음의 대화를 듣고 다음 질문에 알맞은 답을 고르세요. MP3 w03-05

(1) 1) 问：朋友们为她准备了什么生日礼物？

Ⓐ 咖啡 　　　　　　　　　　　Ⓑ 蜡烛

Ⓒ 咖啡杯 　　　　　　　　　　Ⓓ 蛋糕

2) 问：女的今年满多少岁？

_____

(2) 1) 问：女的为什么让哥哥给爸爸打电话？

Ⓐ 今天是爸爸的生日 　　　　　Ⓑ 今天哥哥很忙

Ⓒ 今天哥哥没吃午饭 　　　　　Ⓓ 哥哥不想给爸爸打电话

2) 问：男的今天给爸爸打电话了吗？为什么？

_____

说 말하기

1. 다음 문장을 중국어로 말해 보세요.

   (1) 나 배가 아프고, 속이 메스꺼워.

   (2) 방금까지 멀쩡하더니, 왜 갑자기……, 너 수업 빠지고 싶은 거 아냐?

   (3) 무슨, 정말 아파.

   (4) 너한테 농담한 거야!

2. 다음 대화에 어울리는 내용을 중국어로 말해 보세요.

   (1) A : 你怎么了?

   　　B : _____

   (2) A : 要我陪你一起去医院吗?

   　　B : _____

   (3) A : _____

   　　B : 医生说现在最好别喝咖啡。

   (4) A : _____

   　　B : 可能是昨天没睡好。

3. 다음 그림의 상황에 알맞게 대화를 만들어 보세요.

   (1)

   A : _____

   B : _____

   A : _____

   B : _____

(2)

A: _____

B: _____

A: _____

B: _____

4. 본문의 내용을 생각하며 다음 질문에 답해 보세요.

(1) 崔智敏哪儿不舒服?

(2) 医生说崔智敏得了什么病?

(3) 医生让她少吃什么?

(4) 高朋建议她做什么?

5. 다음 제시어를 이용하여 중국어로 이야기를 만들어 말해 보세요.

제시어

休息　胃口　肠炎　清淡

_____

_____

_____

_____

写 쓰기

1. 다음 단어의 중국어와 한어병음을 쓰세요.

(1) 배   **C**＿＿＿＿＿ **P**＿＿＿＿＿   (2) 메스껍다 **C**＿＿＿＿＿ **P**＿＿＿＿＿

(3) 수업에 빠지다 **C**＿＿＿＿＿ **P**＿＿＿＿＿   (4) 농담하다 **C**＿＿＿＿＿ **P**＿＿＿＿＿

(5) 장염   **C**＿＿＿＿＿ **P**＿＿＿＿＿   (6) 차갑다 **C**＿＿＿＿＿ **P**＿＿＿＿＿

(7) 식욕   **C**＿＿＿＿＿ **P**＿＿＿＿＿   (8) 스트레스 **C**＿＿＿＿＿ **P**＿＿＿＿＿

2. 다음 빈칸에 들어갈 알맞은 단어를 쓰세요.

(1) 马上就要＿＿＿＿＿＿＿＿了，最近我每天都学习到很晚。
　　　　　 kǎoshì

(2) 从昨天开始，我突然觉得没＿＿＿＿＿＿＿，而且一点儿胃口也没有。
　　　　　　　　　　　　 lìqi

(3) 今天我去看了大夫，大夫说是心理压力过大，身体＿＿＿＿＿＿＿引起的。
　　　　　　　　　　　　　　　　　　　　 píláo

(4) 他还说不用＿＿＿＿＿＿＿，在家好好儿休息几天就行。
　　　　　 chī yào

3. 다음 제시된 중국어를 재배열하여 문장을 완성하세요.

(1) 开玩笑 / 他 / 的 / 是 / 你 / 跟   ▶＿＿＿＿＿＿＿＿＿＿＿＿

(2) 反对 / 事 / 她 / 看来 / 不 / 这 / 会 / 件   ▶＿＿＿＿＿＿＿＿＿＿＿

(3) 我 / 上学 / 了 / 弟弟 / 要 / 就 / 马上   ▶＿＿＿＿＿＿＿＿＿＿＿

(4) 本 / 个 / 都 / 每 / 有 / 一 / 桌子 / 上 / 书   ▶＿＿＿＿＿＿＿＿＿＿＿

4. 주어진 문장을 모방하여 제시된 한국어의 의미에 맞게 중국어로 쓰세요.

(1) 你别跟他开这种玩笑。
   ▸ 그 사람은 항상 나한테 이런 농담을 해.

   ⓒ _____

(2) 看来你对旅行不太感兴趣。
   ▸ 보니까 너희들 모두 집에서 쉬고 싶어 하는 것 같아.

   ⓒ _____

(3) 他们马上就要来韩国了。
   ▸ 나는 곧 지하철역에 도착할 거야.

   ⓒ _____

(4) 他每个周末都去见朋友。
   ▸ 그 사람은 매주 일요일마다 도서관에 가.

   ⓒ _____

5. 제시된 단어를 포함하여 그림의 상황에 알맞은 문장을 만들어 보세요.

(1)

제시어 ▸ 逃课

_____

(2)

제시어 ▸ 舒服

_____

(3)

제시어 ▸ 突然

_____

(4)

제시어 ▸ 胃口

_____

读 읽기

1. 다음 문장을 소리 내어 읽어 보세요.

(1) 放心吧，他们都没事了，都好好儿的。

(2) 哪儿啊，就我一个人，吃不了那么多。

(3) 谁跟你开玩笑！

(4) 看来以后还是要多背点儿生词。

2. 빈칸에 들어갈 알맞은 단어를 보기에서 고르세요.

보기

Ⓐ 看来　　Ⓑ 刚才　　Ⓒ 真的　　Ⓓ 可能

(1) 哪儿啊，_____很不舒服呢。

(2) _____还好好儿的，怎么突然……

(3) _____是最近太累了。

(4) _____以后要多吃清淡菜，少喝浓咖啡。

3. 제시된 단어의 알맞은 위치를 고르세요.

(1) 的　　　　我们Ⓐ现在Ⓑ都好好儿Ⓒ，不用Ⓓ担心。

(2) 少　　　　Ⓐ跟Ⓑ我Ⓒ开玩笑Ⓓ！

(3) 看来　　　Ⓐ他是真的Ⓑ不喜欢Ⓒ这件Ⓓ礼物。

(4) 都　　　　每个人Ⓐ有Ⓑ自己的Ⓒ爱好Ⓓ。

4. 아래 질문의 대답으로 알맞은 것을 보기에서 고르세요.

보기

ⓐ 明天有考试，我还得学一会儿。　ⓑ 知道了。

ⓒ 我每天都学习到很晚。　ⓓ 我一点儿胃口都没有，什么都不想吃。

ⓔ 我常常喝咖啡。　ⓕ 医生说不用吃药。

⑴ 今天你想吃什么？　(　　) 　⑵ 你少喝点儿浓咖啡。　(　　)

⑶ 医生给你开药了吗？　(　　) 　⑷ 你怎么还不睡觉呢？　(　　)

5. 다음 글을 읽고 질문에 답하세요.

我们马上就要期中考试了，可是我还一点都没准备呢。最近一直忙着找工作，实在没时间复习。所以从昨天开始，我每天都学习到很晚。可是今天早上，我突然觉得没力气，浑身*酸痛*，而且一点儿胃口也没有。今天我去看了大夫，大夫说是心理压力过大，身体疲劳引起的。虽然他没给我开药，但让我在家好好儿休息，不要熬夜，按时吃饭，按时睡觉。

浑身 húnshēn 圐 온몸 | 酸痛 suāntòng 圐 시큰시큰 쑤시다 | 按时 ànshí 圐 제때에 | 熬夜 áoyè 圐 밤을 새다, 밤을 (지)새우다

⑴ 问："我"的期中考试准备好了吗？为什么？

＿＿＿＿＿＿＿＿＿＿＿＿＿＿＿＿＿＿＿＿＿

⑵ 问：今天早上"我"突然觉得怎么样？

＿＿＿＿＿＿＿＿＿＿＿＿＿＿＿＿＿＿＿＿＿

⑶ 问：大夫觉得是什么原因*引起的？

原因 yuányīn 圐 원인

＿＿＿＿＿＿＿＿＿＿＿＿＿＿＿＿＿＿＿＿＿

⑷ 问：大夫让"我"做什么？

＿＿＿＿＿＿＿＿＿＿＿＿＿＿＿＿＿＿＿＿＿

听 듣기

1. 녹음을 듣고 알맞은 중국어 단어를 쓰세요.　　　MP3 w05-01

(1) _____　　　(2) _____

(3) _____　　　(4) _____

2. 녹음을 듣고 빈칸에 알맞은 내용을 쓰세요.　　　MP3 w05-02

　　马上就要考试了，最近我每天都学习到很晚。从昨天开始，我 (1)_____ 觉得没力气，而且一点儿 (2)_____ 也没有。今天我去看了大夫，大夫说是 (3)_____ 压力过大，身体 (4)_____ 引起的。他还说不用吃药，在家好好儿休息几天就行。

3. 녹음의 질문을 듣고 대답으로 가장 알맞은 것을 고르세요.　　　MP3 w05-03

(1) Ⓐ 我身体不太舒服　　　Ⓑ 我不认识那个医生
　　 Ⓒ 不用去，已经好了　　Ⓓ 我在医院

(2) Ⓐ 让我好好儿休息　　　Ⓑ 我不想喝咖啡
　　 Ⓒ 医生说是肠炎　　　 Ⓓ 医生给我开了药

(3) Ⓐ 我不想去学校　　　　Ⓑ 是啊，这两天身体不太舒服
　　 Ⓒ 他想逃课　　　　　 Ⓓ 你多喝点儿水

(4) Ⓐ 我在学校　　　　　　Ⓑ 我在学汉语
　　 Ⓒ 我已经回家了　　　 Ⓓ 学习到六点才回家

4. 녹음의 대화를 듣고 다음 문장이 맞으면 ○, 틀리면 X를 표시하세요.　🎧 MP3 **w05-04**

(1) 男的现在身体不太舒服。　(　)

(2) 女的不想去看医生。　(　)

(3) 男的觉得现在能吃辣的。　(　)

(4) 女的觉得这次考试很难。　(　)

5. 녹음의 대화를 듣고 다음 질문에 알맞은 답을 고르세요.　🎧 MP3 **w05-05**

(1) 1) 问：女的让男的做什么？

Ⓐ 去图书馆　　　　　　　Ⓑ 别去医院

Ⓒ 早点儿睡　　　　　　　Ⓓ 别休息

2) 问：男的觉得自己为什么会头疼？

————————————————————

(2) 1) 问：男的为什么喝那么多浓咖啡？

Ⓐ 因为他喜欢喝咖啡　　　　Ⓑ 因为别人给他泡了浓咖啡

Ⓒ 因为他马上就要考试了　　Ⓓ 因为他胃不太舒服

2) 问：女的觉得男的能睡好吗？为什么？

————————————————————

说 말하기

1. 다음 문장을 중국어로 말해 보세요.

(1) 이번 주말에 우리 언니가 결혼하는데, 너 나랑 같이 보러 갈래?

(2) 나는 지금까지 중국 사람 결혼식에 가 본 적이 없어!

(3) 너 봐, 모든 자리에 작은 선물이 하나씩 있는 것 같아.

(4) 신혼부부는 보통 안에 결혼 사탕을 넣어서 하객에게 감사를 표시해.

2. 다음 대화에 어울리는 내용을 중국어로 말해 보세요.

(1) A : 什么时候吃你的喜糖啊?

B : _____

(2) A : 他结婚的时候，你打算送什么礼物啊?

B : _____

(3) A : _____

B : 听说明天就出发去济州岛*呢。

📍济州岛 Jìzhōudǎo 고유 제주도

(4) A : _____

B : 没有，这是我第一次参加中国人的婚礼。

3. 다음 그림의 상황에 알맞게 대화를 만들어 보세요.

(1)

A : _____

B : _____

A : _____

B : _____

(2)

A: _____

B: _____

A: _____

B: _____

4. 본문의 내용을 생각하며 다음 질문에 답해 보세요.

　(1) 崔智敏这个周末本来打算做什么？

　(2) 崔智敏参加过中国人的婚礼吗？　　　　　　　🔑 提议 tíyì 图 제의하다

　(3) 新人为什么会送喜糖给客人？

　(4) 中国人说"什么时候吃你的喜糖"是什么意思？

5. 다음 제시어를 이용하여 중국어로 이야기를 만들어 말해 보세요.

제시어

结婚　婚礼　房子　旅行

_____

_____

_____

_____

写 쓰기

1. 다음 단어의 중국어와 한어병음을 쓰세요.

(1) 결혼하다 ⓒ_____ ⓟ_____　　(2) 결혼식 ⓒ_____ ⓟ_____

(3) 신부 ⓒ_____ ⓟ_____　　(4) 신랑 ⓒ_____ ⓟ_____

(5) 일반적이다 ⓒ_____ ⓟ_____　　(6) 나타내다 ⓒ_____ ⓟ_____

(7) 감사하다 ⓒ_____ ⓟ_____　　(8) 신혼여행 ⓒ_____ ⓟ_____

2. 다음 빈칸에 들어갈 알맞은 단어를 쓰세요.

(1) 结婚是人生大事，不能_____。
mǎhu

(2) 年轻人结婚时，不但要有房子和车子，婚礼还要办得有_____。
miànzi

(3) 结婚_____了一件很复杂的事情。
biànchéng

(4) 现在有一些年轻人也_____了想法。
gǎibiàn

3. 다음 제시된 중국어를 재배열하여 문장을 완성하세요.

(1) 见过 / 在 / 这个人 / 哪儿 / 好象 / 我　　▶_____

(2) 同学 / 的 / 原来 / 他 / 你 / 啊 / 是 / 大学　　▶_____

(3) 父母 / 这件事 / 知道 / 他 / 连 / 都 / 不 / 甚至 / 的　　▶_____

(4) 玩儿 / 才 / 看完 / 能 / 这本书 / 出去　　▶_____

4. 주어진 문장을 모방하여 제시된 한국어의 의미에 맞게 중국어로 쓰세요.

(1) 这件事我从来没想过。

　▶ 이 일은 내가 지금까지 들어 본 적이 없다.

　Ⓒ _____

(2) 怪不得他今天不高兴，原来这次考试没考好。

　▶ 어쩐지 네가 오늘 기운이 없더니, 알고 보니 감기 걸렸구나.

　Ⓒ _____

(3) 原来你们俩早就认识啊。

　▶ 알고 보니 너희 둘이 자매구나.

　Ⓒ _____

(4) 你吃完饭才能喝咖啡。

　▶ 매일 복습해야만 시험을 잘 칠 수 있어.

　Ⓒ _____

5. 제시된 단어를 포함하여 그림의 상황에 알맞은 문장을 만들어 보세요.

(1)	(2)	(3)	(4)
제시어 ▶ 参加	제시어 ▶ 婚礼	제시어 ▶ 复杂	제시어 ▶ 蜜月

读 읽기

1. 다음 문장을 소리 내어 읽어 보세요.

(1) 他好像只对小王一个人说了。

(2) 她今天要去见朋友，怪不得穿得这么漂亮。

(3) 原来他们没走，我还以为他们走了。

(4) 他每天工作15个小时，有时甚至18个小时。

2. 빈칸에 들어갈 알맞은 단어를 보기에서 고르세요.

보기

Ⓐ 从来　　Ⓑ 好像　　Ⓒ 度　　Ⓓ 感谢

(1) 我还＿＿＿＿＿＿没参加过中国人的婚礼呢!

(2) 你看，＿＿＿＿＿＿每个座位上都有一件小礼物呢。

(3) 新人一般都会在里面放一些喜糖，表示＿＿＿＿＿＿。

(4) 听说他们明天就要出发去＿＿＿＿＿＿蜜月呢!

3. 제시된 단어의 알맞은 위치를 고르세요.

(1) 原来　　Ⓐ 怪不得你 Ⓑ 没来，Ⓒ 你 Ⓓ 去医院了。

(2) 以为　　原来 Ⓐ 是 Ⓑ 你啊，我 Ⓒ 还 Ⓓ 是小李呢。

(3) 甚至　　有 Ⓐ 时候，他 Ⓑ 一天去 Ⓒ 两次 Ⓓ。

(4) 才　　Ⓐ 跟朋友们 Ⓑ 一起去 Ⓒ 有 Ⓓ 意思呢。

4. 아래 질문의 대답으로 알맞은 것을 보기에서 고르세요.

보기

Ⓐ 哪儿啊，是我租的。　　　　　　Ⓑ 早就准备好了啊。

Ⓒ 我结婚两年了。　　　　　　　　Ⓓ 我们打算旅行结婚。

Ⓔ 我还没结婚呢。　　　　　　　　Ⓕ 还早呢。房子都还没准备好呢。

(1) 你们准备好他的结婚礼物了吗？（　　）　　(2) 什么时候吃你的喜糖啊？（　　）

(3) 这套房子是你买的吗？　　　　（　　）　　(4) 你们打算在哪儿办婚礼啊？（　　）

5. 다음 글을 읽고 질문에 답하세요.

　　结婚是人生大事，不能马虎。年轻人结婚时，不但要有房子和车子，婚礼还要办得有面子，对他们来说，结婚变成了一件很复杂的事情。不过现在，有一些年轻人也改变了想法。他们觉得婚礼可以办得简单一点，房子可以租，车子也可以以后再买。最近还有很多年轻人选择"旅行结婚"，不用举办*婚礼，在旅途中度蜜月，享受*两人世界*。有的人甚至还会选择"裸婚"，房子车子都不要。因为他们觉得，两个人在一起，才是最重要的。

🔊 举办 jǔbàn 图 거행하다 | 享受 xiǎngshòu 图 누리다 | 世界 shìjiè 图 세계

(1) 问：对有的年轻人来说，结婚为什么变成了一件很复杂的事情？

_____

(2) 问：关于结婚，有的年轻人的想法发生了什么样的改变？

_____

(3) 问：什么是"旅行结婚"？

_____

(4) 问：选择"裸婚"的人觉得什么才是最重要的？

_____

07 | 结婚

1. 녹음을 듣고 알맞은 중국어 단어를 쓰세요. 🎧 MP3 **w07-01**

(1) _____ (2) _____

(3) _____ (4) _____

2. 녹음을 듣고 빈칸에 알맞은 내용을 쓰세요. 🎧 MP3 **w07-02**

结婚是 (1)_____，不能马虎。年轻人结婚时，不但要有房子和车子，婚礼还要 (2)_____有面子。结婚变成了一件很复杂的事情。不过现在，有一些年轻人也 (3)_____了想法。有的人选择"旅行结婚"，有的人甚至还会选择"(4)_____"。因为他们觉得，两个人在一起，才是最重要的。

3. 녹음의 질문을 듣고 대답으로 가장 알맞은 것을 고르세요. 🎧 MP3 **w07-03**

(1) Ⓐ 我在家做作业呢　　　　Ⓑ 我不想出去玩儿
　　Ⓒ 先做完作业再说吧　　　Ⓓ 他已经出去了

(2) Ⓐ 我没听到啊　　　　　　Ⓑ 没人接
　　Ⓒ 我已经打电话了　　　　Ⓓ 他不在家

(3) Ⓐ 已经约好了　　　　　　Ⓑ 估计*会很复杂
　　Ⓒ 不用问他　　　　　　　Ⓓ 连老师都知道

　　　　　　　　　　　　　　　💡 估计 gūjì 图 추측하다

(4) Ⓐ 他要请我喝杯咖啡　　　Ⓑ 我很感谢他
　　Ⓒ 真的谢谢你了　　　　　Ⓓ 请他喝杯咖啡吧。

4. 녹음의 대화를 듣고 다음 문장이 맞으면 ○, 틀리면 X를 표시하세요.

(1) 女的以前吃过北京烤鸭。 （   ）

(2) 女的觉得座位上的书可以带走。 （   ）

(3) 因为他们俩是高中同学，所以互相*认识。 （   ）

🔑 互相 hùxiāng 뵘 서로, 상호

(4) 小王的英语说得不太好。 （   ）

5. 녹음의 대화를 듣고 다음 질문에 알맞은 답을 고르세요.

(1) 1) 问：女的结婚时不打算做什么？

    Ⓐ 办婚礼   Ⓑ 买车子

    Ⓒ 买房子   Ⓓ 买家具

2) 问：女的为什么打算旅行结婚？

_____

(2) 1) 问：女的今天去参加了谁的婚礼？

    Ⓐ 小张   Ⓑ 高中同学

    Ⓒ 小赵   Ⓓ 小学同学

2) 问：新郎新娘是怎么认识的？

_____

说 말하기

1. 다음 문장을 중국어로 말해 보세요.

   (1) 너 이번 여름 방학 때 어디로 여행 갈지 생각해 봤어?

   (2) 거기 많은 소수민족이 산다고 들었어, 그러니?

   (3) 경치는 정말 아름다워, 단지 베이징에서 좀 멀어.

   (4) 멀면 멀라지 뭐, 여행 도중에 또 많은 서프라이즈가 있을지 몰라!

2. 다음 대화에 어울리는 내용을 중국어로 말해 보세요.

   (1) A : 这个暑假你打算去哪儿旅行啊?

   　　 B : ＿＿＿＿＿＿＿＿＿＿＿＿＿＿＿

   (2) A : 你们的行程都定好了吗?

   　　 B : ＿＿＿＿＿＿＿＿＿＿＿＿＿＿＿

   (3) A : ＿＿＿＿＿＿＿＿＿＿＿＿＿＿＿

   　　 B : 我打算跟团游。

   (4) A : ＿＿＿＿＿＿＿＿＿＿＿＿＿＿＿

   　　 B : 我是在网上订的酒店。

3. 다음 그림의 상황에 알맞게 대화를 만들어 보세요.

   (1) 　　A : ＿＿＿＿＿＿＿＿＿＿＿＿＿＿

   　　　　　　　　　　 B : ＿＿＿＿＿＿＿＿＿＿＿＿＿＿

   　　　　　　　　　　 A : ＿＿＿＿＿＿＿＿＿＿＿＿＿＿

   　　　　　　　　　　 B : ＿＿＿＿＿＿＿＿＿＿＿＿＿＿

(2)

A : _____

B : _____

A : _____

B : _____

4. 본문의 내용을 생각하며 다음 질문에 답해 보세요.

(1) 这个暑假韩雪想去哪儿?

(2) 韩雪说南方有什么好的?

(3) 韩雪说南方有什么不好的?

(4) 崔智敏想自由行还是跟团游?

5. 다음 제시어를 이용하여 중국어로 이야기를 만들어 말해 보세요.

제시어

跟团游　自由行　行程　预订

_____

_____

_____

_____

_____

写 쓰기

1. 다음 단어의 중국어와 한어병음을 쓰세요.

(1) 소수　ⓒ＿＿＿＿＿＿　ⓟ＿＿＿＿＿＿　　(2) 민족　ⓒ＿＿＿＿＿＿　ⓟ＿＿＿＿＿＿

(3) 아름답다　ⓒ＿＿＿＿＿　ⓟ＿＿＿＿＿　　(4) 경치　ⓒ＿＿＿＿＿＿　ⓟ＿＿＿＿＿＿

(5) 현지　ⓒ＿＿＿＿＿＿　ⓟ＿＿＿＿＿＿　　(6) 모양　ⓒ＿＿＿＿＿＿　ⓟ＿＿＿＿＿＿

(7) 경험　ⓒ＿＿＿＿＿＿　ⓟ＿＿＿＿＿＿　　(8) 여행 일정　ⓒ＿＿＿＿＿＿　ⓟ＿＿＿＿＿＿

2. 다음 빈칸에 들어갈 알맞은 단어를 쓰세요.

(1) 最近，越来越多的人喜欢上了 _____lǚxíng_____ 。

(2) 除了 _____gēntuányóu_____ 以外，选择背包客和自驾游的年轻人也越来越多了。

(3) 一场说走就走的旅行，常常能让人得到许多美丽的 _____jīngxǐ_____ ，感动的瞬间。

(4) 旅途中遇到的每一个人，每一件事，每一个美丽的景色，都有可能成为一生中最难忘的 _____jìyì_____ 。

3. 다음 제시된 중국어를 재배열하여 문장을 완성하세요.

(1) 说不定 / 惊喜 / 路上 / 还 / 很多 / 呢 / 有 / 会　▶＿＿＿＿＿＿＿＿＿＿＿＿＿＿

(2) 到 / 报 / 了 / 的 / 以后 / 个 / 团 / 当地 / 再　▶＿＿＿＿＿＿＿＿＿＿＿＿＿＿

(3) 看 / 经验 / 你 / 有 / 啊 / 样子 / 很　▶＿＿＿＿＿＿＿＿＿＿＿＿＿＿

(4) 行程 / 咱 / 那 / 定/ 吧 / 俩 / 快点儿　▶＿＿＿＿＿＿＿＿＿＿＿＿＿＿

4. 주어진 문장을 모방하여 제시된 한국어의 의미에 맞게 중국어로 쓰세요.

(1) 说不定大家都想去呢。

▶ 네가 모두 알지도 몰라.

ⓒ _____

(2) 看完电影以后再吃饭吧。

▶ 밥 먹은 후에 가자.

ⓒ _____

(3) 看样子他年纪不大。

▶ 보아하니 그 사람 아직 대학생인 것 같아.

ⓒ _____

(4) 越来越多的人开始喜欢健身了。

▶ 갈수록 많은 사람들이 중국차 마시는 것을 좋아하기 시작했어.

ⓒ _____

5. 제시된 단어를 포함하여 그림의 상황에 알맞은 문장을 만들어 보세요.

(1)

(2)

(3)

(4)

제시어 ▶ 风景

제시어 ▶ 机票

제시어 ▶ 少数民族

제시어 ▶ 难忘

_____ _____ _____ _____

读 읽기

1. 다음 문장을 소리 내어 읽어 보세요.

  (1) 不去就不去呗，正好我也不想去。

  (2) 说不定你听错了呢。

  (3) 到了机场咱们再吃东西。

  (4) 看样子他这个人不错。

2. 빈칸에 들어갈 알맞은 단어를 보기에서 고르세요.

  보기

  Ⓐ 样子　　Ⓑ 再　　Ⓒ 经验　　Ⓓ 越来越

  (1) 以后有了时间我＿＿＿＿＿＿跟你说吧。

  (2) 看＿＿＿＿＿＿她今天不会来了。

  (3) 这方面我很有＿＿＿＿＿＿。

  (4) 快冬天了，天气＿＿＿＿＿＿冷了。

3. 제시된 단어의 알맞은 위치를 고르세요.

  (1) 说不定　　Ⓐ 远就远呗，路上 Ⓑ 会 Ⓒ 有 Ⓓ 很多惊喜呢！

  (2) 其实　　最好 Ⓐ 的风景啊，Ⓑ 都 Ⓒ 在 Ⓓ 路上。

  (3) 预订　　现在 Ⓐ 网上 Ⓑ 机票和酒店 Ⓒ 都很方便 Ⓓ 。

  (4) 就是　　Ⓐ 风景特别 Ⓑ 美，Ⓒ 离北京远了 Ⓓ 点儿。

4. 아래 질문의 대답으로 알맞은 것을 보기에서 고르세요.

보기

Ⓐ 我不想去旅行。　　　　　　　Ⓑ 在网上订也行，打电话订也行。

Ⓒ 可美了。　　　　　　　　　　Ⓓ 我想自己玩儿，不想报团。

Ⓔ 是啊，这次他们选择了自驾游。　Ⓕ 有时间的话就去旅行。

(1) 你想不想报个团啊？　（　　）　　(2) 他们打算开车去旅行吗？　（　　）

(3) 咱们怎么预订酒店啊？（　　）　　(4) 你觉得那里的风景怎么样啊？（　　）

5. 다음 글을 읽고 질문에 답하세요.

　　　　最近，越来越多的人喜欢上了旅行。除了跟团游以外，选择背包游和自驾游的年轻人也越来越多了。一场说走就走的旅行，常常能让人得到许多美丽的惊喜，感动的瞬间。这个暑假，我跟几个大学同学一起选择了背包游，我们打算去欧洲旅行一个月。虽然背包游会很辛苦*，也会遇到一些困难，但我觉得旅途中遇到的每一个人，每一件事，每一个美丽的景色，都有可能成为一生中最难忘的记忆。

🔑辛苦 xīnkǔ 형동 고생(하다)

(1) 问：最近很多年轻人选择什么样的旅行方式？

_____

(2) 问：有时候一场说走就走的旅行能让人得到什么？

_____

(3) 问：这个暑假，"我"跟几个大学同学选择了哪种旅行方式？

_____

(4) 问："我"觉得"背包游"有哪些长处*和短处*？

_____

🔑长处 chángchù 명 장점 | 短处 duǎnchù 명 단점

1. 녹음을 듣고 알맞은 중국어 단어를 쓰세요.   🎧 MP3 **w09-01**

(1) _____   (2) _____

(3) _____   (4) _____

2. 녹음을 듣고 빈칸에 알맞은 내용을 쓰세요.   🎧 MP3 **w09-02**

　　最近，越来越多的人喜欢上了 (1)_____。除了跟团游以外，选择背包客和自驾游的年轻人也越来越多了。一场说走就走的旅行，常常能让人得到许多美丽的 (2)_____，感动的 (3)_____。旅途中遇到的每一个人，每一件事，每一个美丽的景色，都有可能成为一生中最难忘的(4)_____。

3. 녹음의 질문을 듣고 대답으로 가장 알맞은 것을 고르세요.   🎧 MP3 **w09-03**

(1) Ⓐ 卖完了　　　　　Ⓑ 我买了折扣票
　　Ⓒ 订了三张　　　　Ⓓ 门票非常难卖

(2) Ⓐ 是个好玩儿的地方　Ⓑ 好像挺远的
　　Ⓒ 我家附近没有赛场　Ⓓ 我们走着去

(3) Ⓐ 当然是自由行啊　　Ⓑ 我预订了机票
　　Ⓒ 我还没预订酒店　　Ⓓ 我开车去

(4) Ⓐ 我特别喜欢旅行　　Ⓑ 很多人都要旅行结婚
　　Ⓒ 太让人难忘了　　　Ⓓ 我选择了自由行

4. 녹음의 대화를 듣고 다음 문장이 맞으면 ○, 틀리면 X를 표시하세요.

(1) 他们俩现在都不想去。　　　　（　　）

(2) 男的觉得明天会下雨。　　　　（　　）

(3) 男的觉得现在不用预订酒店。　（　　）

(4) 男的觉得汉语很有意思。　　　（　　）

5. 녹음의 대화를 듣고 다음 질문에 알맞은 답을 고르세요.

(1) 1) 问：男的这次旅行选择了哪种方式？

  Ⓐ 背包游   Ⓑ 自驾游

  Ⓒ 自由行   Ⓓ 跟团游

 2) 问：女的觉得跟团游怎么样？

  _____

(2) 1) 问：女的为什么不想开车去？

  Ⓐ 不方便   Ⓑ 没意思

  Ⓒ 太远   Ⓓ 不自由

 2) 问：男的觉得下次去什么地方可以选择自驾游？

  _____

MEMO

MEMO

MEMO

워크북 📖홀수

이름

중국어뱅크 | 한국인의 한국인에 의한 한국인을 위한 중국어 회화 시리즈

중국어의 신 ──────────

THE GOD OF CHINESE

워크북 짝수

STEP 3

동양북스

중국어뱅크 | 한국인의 한국인에 의한 한국인을 위한 중국어 회화 시리즈

THE GOD OF CHINESE

중국어의 신
워크북

짝수

STEP 3

동양북스

02 | 租房

1. 다음 문장을 중국어로 말해 보세요.

(1) 어제 나는 학교 근처에 마음에 드는 집 하나를 봐 두었어.

(2) 왜? 너 학교 기숙사에서 안 살고 싶어졌어?

(3) 내 룸메이트가 음악 듣는 걸 너무 좋아해서 내가 정말 참을 수가 없어.

(4) 혼자 살면 좀 더 편하긴 할 거야.

2. 다음 대화에 어울리는 내용을 중국어로 말해 보세요.

(1) A：你想在外面租房子吗?

   B：_____

(2) A：你租了一套什么样的房子啊?

   B：_____

(3) A：_____

   B：比宿舍贵一点。

(4) A：_____

   B：打了八折。

3. 다음 그림의 상황에 알맞게 대화를 만들어 보세요.

(1)

   A：_____

   B：_____

   A：_____

   B：_____

(2)

A: _____

B: _____

A: _____

B: _____

4. 본문의 내용을 생각하며 다음 질문에 답해 보세요.

(1) 朴明浩为什么不想住学校宿舍?

(2) 朴明浩看中的是套什么样的房子?

(3) 跟宿舍比起来，房租怎么样?

(4) 他的房东为什么给他打折?

5. 다음 제시어를 이용하여 중국어로 이야기를 만들어 말해 보세요.

제시어

宿舍　方便　同屋　租

_____

_____

_____

_____

写 쓰기

1. 다음 단어의 중국어와 한어병음을 쓰세요.

(1) 집 ⓒ_____ ⓟ_____　　(2) 확실히, 정말 ⓒ_____ ⓟ_____

(3) 단지 ⓒ_____ ⓟ_____　　(4) 환경 ⓒ_____ ⓟ_____

(5) 임대료 ⓒ_____ ⓟ_____　　(6) 집주인 ⓒ_____ ⓟ_____

(7) 외식하다 ⓒ_____ ⓟ_____　　(8) 화장실 ⓒ_____ ⓟ_____

2. 다음 빈칸에 들어갈 알맞은 단어를 쓰세요.

(1) 来北京后，我一直住在学校的_____(liúxuéshēng)宿舍。

(2) 我的_____(tóngwū)是一个法国人，他来中国已经两年了，汉语说得很不错。

(3) 我们的宿舍很小，房间里只有一个卫生间，_____(chúfáng)在外边，是公用的。

(4) _____(suīrán)宿舍不大，但是我和同屋都觉得住在这儿挺好。

3. 다음 제시된 중국어를 재배열하여 문장을 완성하세요.

(1) 少 / 你 / 废话 / 说　　　　▶_____

(2) 你 / 馆子 / 得 / 以后 / 下 / 了 / 少　　　　▶_____

(3) 可以 / 打折 / 说 / 房东 / 我 / 给　　　　▶_____

(4) 你 / 这件事情 / 让 / 说 / 了 / 中 / 真　　　　▶_____

4. 주어진 문장을 모방하여 제시된 한국어의 의미에 맞게 중국어로 쓰세요.

(1) 我新买了一套西服，你看看。
   ▶ 내가 새로 가구 한 세트를 샀는데, 너 봐 봐.

   C _____

(2) 怎么了，你有什么事吗?
   ▶ 어떻게 된 거야, 너 어디 아파?

   C _____

(3) 跟北京比起来，这里热多了。
   ▶ 서울과 비교하면, 여기가 훨씬 더 시원해.

   C _____

(4) 我觉得你还是少喝一点儿吧。
   ▶ 나는 네가 좀 적게 먹는 게 낫다고 생각해.

   C _____

5. 제시된 단어를 포함하여 그림의 상황에 알맞은 문장을 만들어 보세요.

(1) 　(2) 　(3) 　(4)

제시어 ▶ **房租**　　제시어 ▶ **同屋**　　제시어 ▶ **厨房**　　제시어 ▶ **看中**

_____　_____　_____　_____

读 읽기

1. 다음 문장을 소리 내어 읽어 보세요.

   (1) 我觉得你的话说中了他的心事。

   (2) 怎么了，你今天脸色怎么这么难看？

   (3) 跟市场比起来，这里的东西贵多了。

   (4) 少说话，多做事。

2. 빈칸에 들어갈 알맞은 단어를 보기에서 고르세요.

   보기

   ⒜ 少　　⒝ 肯定　　Ⓒ 更　　⒟ 套

   (1) 一个人住的话，会＿＿＿＿＿＿方便一些吧。

   (2) 你看中的是＿＿＿＿＿＿什么样的房子啊？

   (3) 小区环境这么好，那租金＿＿＿＿＿＿不便宜。

   (4) 你以后得＿＿＿＿＿＿下馆子了。

3. 제시된 단어의 알맞은 위치를 고르세요.

   (1) 跟　　　其实 ⒜ 普通人 ⒝ 比起来，也没有 Ⓒ 什么 ⒟ 不同。

   (2) 少　　　⒜ 这种人 ⒝ 很 Ⓒ 见 ⒟ 。

   (3) 还是　　⒜ 虽然 ⒝ 天气不好，但是 Ⓒ 我们 ⒟ 去爬山了。

   (4) 只　　　房间里 ⒜ 有 ⒝ 一个卫生间，Ⓒ 厨房在外边，是 ⒟ 公用的。

4. 아래 질문의 대답으로 알맞은 것을 보기에서 고르세요.

보기

Ⓐ 最好能租一年。　　　　　　　　　Ⓑ 可方便了，下个学期还想住宿舍。
Ⓒ 我的同屋特别喜欢听音乐。　　　　Ⓓ 跟宿舍比起来，稍微贵一点儿。
Ⓔ 租金是按*月算*的。　　　　　　　Ⓕ 一套两室一厅的房子。

按 àn 전 ～에 따라서 | 算 suàn 통 계산하다 | 稍微 shāowēi 부 조금, 약간

(1) 你看中了一套什么样的房子啊？　（　　）　　(2) 房租贵不贵？　　　　　　　　（　　）

(3) 你打算租多长时间？　　　　　（　　）　　(4) 你觉得住学校宿舍怎么样？（　　）

5. 다음 글을 읽고 질문에 답하세요.

　　来北京后，我一直住在学校的留学生宿舍。我有一个同屋，他是意大利*人，他来中国已经差不多一年了，汉语说得很不错。我们的宿舍很小，但有一个公用的厨房。我的同屋经常给我做意大利面*吃。以前我不太喜欢吃面食*，可是我同屋做的意大利面特别好吃，所以最近我也开始喜欢吃面条了。有时我也给他煮*个韩国的方便面*，他觉得虽然挺辣，但是很香*。

意大利 Yìdàlì 고유 이탈리아 | 意大利面 yìdàlìmiàn 명 파스타 | 面食 miànshí 명 밀가루 음식, 분식 | 煮 zhǔ 통 삶다 | 方便面 fāngbiànmiàn 명 라면, 컵라면 | 香 xiāng 형 맛있다

(1) 判断对错：我的同屋来中国差不多两年了。　（　　）

(2) 判断对错：我以前就很喜欢吃面条。　　　　（　　）

(3) 问：根据短文内容介绍一下"我"的同屋：

　　_____

(4) 问："我们"一般在哪儿做饭吃？

　　_____

听 듣기

1. 녹음을 듣고 알맞은 중국어 단어를 쓰세요.　MP3 **w02-01**

(1) _____　　(2) _____

(3) _____　　(4) _____

2. 녹음을 듣고 빈칸에 알맞은 내용을 쓰세요.　MP3 **w02-02**

来北京后，我一直住在学校的 (1)_____宿舍。我的同屋是一个法国人，他来中国已经两年了，汉语说得很不错。我们的宿舍很小，(2)_____里只有一个 (3)_____，(4)_____在外边，是公用的。虽然宿舍不大，但是我和同屋都觉得住在这儿挺好。

3. 녹음의 질문을 듣고 대답으로 가장 알맞은 것을 고르세요.　MP3 **w02-03**

(1) Ⓐ 挺好玩儿的，价格还不贵　　　　Ⓑ 可远了，要坐地铁去
　　Ⓒ 我不想去，你自己去吧　　　　Ⓓ 环境不错，还有一个图书馆呢

(2) Ⓐ 他对音乐很感兴趣　　　　　　Ⓑ 实在受不了，我打算出去租房子
　　Ⓒ 每个人的爱好都不一样　　　　Ⓓ 他喜欢的音乐可多了

(3) Ⓐ 我们学校的宿舍里有卫生间　　Ⓑ 不是，每个宿舍都有一个卫生间
　　Ⓒ 是的，厨房是公用的　　　　　Ⓓ 宿舍里没有厨房

(4) Ⓐ 不想住，挺不方便的　　　　　Ⓑ 想去学校宿舍
　　Ⓒ 我一个人住　　　　　　　　　Ⓓ 离宿舍挺远的

4. 녹음의 대화를 듣고 다음 문장이 맞으면 ○, 틀리면 X를 표시하세요.　　🎧MP3 **w02-04**

(1) 女的的同屋不会说汉语。　　　　　　　(　　)

(2) 女的上个学期在外面租了房子。　　　　(　　)

(3) 这套房子的租金比学校宿舍贵一点儿。　(　　)

(4) 房东不给他打折。　　　　　　　　　　(　　)

5. 녹음의 대화를 듣고 다음 질문에 알맞은 답을 고르세요.　　🎧MP3 **w02-05**

(1) 1) 问: 男的觉得在外面租房子怎么样?

　　Ⓐ 得少下馆子　　　　　　　　Ⓑ 租金不太贵

　　Ⓒ 比住宿舍好　　　　　　　　Ⓓ 一个人住不太方便

　　2) 问: 女的为什么想在学校附近租房子?

　　_____

(2) 1) 问: 男的昨天的晚饭是在哪儿吃的?

　　Ⓐ 在宿舍里　　　　　　　　　Ⓑ 在外面

　　Ⓒ 在家　　　　　　　　　　　Ⓓ 在学校

　　2) 问: 男的昨天为什么没点外卖*?

　　_____

🔑外卖 wàimài 冏 배달 음식

说 말하기

1. 다음 문장을 중국어로 말해 보세요.

(1) 이렇게 많은 종이 상자는 다 뭐야?

(2) 네가 이렇게 인터넷 쇼핑을 좋아할 줄은 생각도 못 했어.

(3) 어쩐지 네가 쇼핑하러 나가는 걸 귀찮아하더라.

(4) 자, 먼저 앉아 봐, 내가 차 한 잔 우려 줄게!

2. 다음 대화에 어울리는 내용을 중국어로 말해 보세요.

(1) A : 这是你在网上买的吗?

　　 B : _____

(2) A : 你这两盒咖啡都过期了吧?

　　 B : _____

(3) A : _____

　　 B : 我更喜欢网购。

(4) A : _____

　　 B : 在网上就能搜到。

3. 다음 그림의 상황에 알맞게 대화를 만들어 보세요.

(1)

A : _____

B : _____

A : _____

B : _____

(2)

A: _____

B: _____

A: _____

B: _____

4. 본문의 내용을 생각하며 다음 질문에 답해 보세요.

(1) 高朋的纸箱子里都是些什么?

(2) 高朋为什么懒得去逛街?

(3) 高朋的两盒绿茶怎么了?

(4) 高朋还有茶可泡吗?

5. 다음 제시어를 이용하여 중국어로 이야기를 만들어 말해 보세요.

제시어

网购　物美价廉　上街　方便

_____

_____

_____

_____

_____

写 쓰기

1. 다음 단어의 중국어와 한어병음을 쓰세요.

(1) 상자   **C**_____   **P**_____   (2) 물건   **C**_____   **P**_____

(3) 인터넷 쇼핑을 하다 **C**_____   **P**_____   (4) 어쩐지   **C**_____   **P**_____

(5) ~하기 귀찮다   **C**_____   **P**_____   (6) 녹차   **C**_____   **P**_____

(7) 기한을 넘기다   **C**_____   **P**_____   (8) 낭비하다 **C**_____   **P**_____

2. 다음 빈칸에 들어갈 알맞은 단어를 쓰세요.

(1) 现在，越来越多的年轻人喜欢在家中_____^{wǎnggòu}_____。

(2) 我们不用上街，只要动动_____^{shǒuzhǐtou}_____，就可以轻松地买到自己需要的商品。

(3) 很多在商店里买不到的东西，在网上一_____^{sōu}_____，也能很快地找到。

(4) 不过，要想买到_____^{wùměi-jiàlián}_____的好东西，还得学会"货比三家"才行。

3. 다음 제시된 중국어를 재배열하여 문장을 완성하세요.

(1) 大 / 都 / 没 / 你 / 孩子 / 这么 / 的 / 了 / 想到   ▶ _____

(2) 这么 / 累 / 难怪 / 今天 / 妈妈   ▶ _____

(3) 出去 / 懒得 / 我 / 现在   ▶ _____

(4) 就 / 真 / 可 / 糟 / 那样 / 要是 / 了   ▶ _____

4. 주어진 문장을 모방하여 제시된 한국어의 의미에 맞게 중국어로 쓰세요.

(1) 没想到学习汉语这么有意思。
　　▶ 네 친구가 이렇게 중국에 가고 싶어 할 줄은 생각도 못 했어.

　　Ⓒ _____

(2) 他在中国住过三年，难怪汉语说得这么好。
　　▶ 그 사람의 엄마가 미국 사람이었구나, 어쩐지 영어를 그렇게 잘 하더라니.

　　Ⓒ _____

(3) 我现在懒得做饭。
　　▶ 나는 지금 나가기 귀찮아.

　　Ⓒ _____

(4) 我一说，他就同意了。
　　▶ 선생님이 말씀하시니까 그녀가 바로 이해했어.

　　Ⓒ _____

5. 제시된 단어를 포함하여 그림의 상황에 알맞은 문장을 만들어 보세요.

(1)

제시어 ▶ 打折

_____

(2)

제시어 ▶ 浪费

_____

(3)

제시어 ▶ 轻松

_____

(4)

제시어 ▶ 货比三家

_____

读 읽기

1. 다음 문장을 소리 내어 읽어 보세요.

   (1) 他说的话，我懒得再听下去了。

   (2) 糟了！我今天没带雨伞。

   (3) 你看你，怎么把钱包丢了呢！

   (4) 他回头一看，吓了一跳。

2. 빈칸에 들어갈 알맞은 단어를 보기에서 고르세요.

   보기

   Ⓐ 先　　Ⓑ 都　　Ⓒ 盒　　Ⓓ 刚

   (1) 你_____坐下，我给你泡杯茶！

   (2) 糟了！这两_____绿茶都过期了。

   (3) 你看你，买这么多，最后_____浪费了吧。

   (4) 这儿有昨天_____到的两盒。

3. 제시된 단어의 알맞은 위치를 고르세요.

   (1) 那么　　Ⓐ 没想到 Ⓑ 他 Ⓒ 喜欢 Ⓓ 旅游。

   (2) 难怪　　Ⓐ 你 Ⓑ 不想 Ⓒ 跟他们一起 Ⓓ 去。

   (3) 懒得　　你 Ⓐ 做饭的话，Ⓑ 吃饺子也 Ⓒ 可以 Ⓓ 。

   (4) 一　　　我 Ⓐ 想，他 Ⓑ 回去一趟 Ⓒ 也好 Ⓓ 。

4. 아래 질문의 대답으로 알맞은 것을 보기에서 고르세요.

보기

Ⓐ 我懒得做饭。　　　　　　　　　Ⓑ 好啊，谢谢。

Ⓒ 又好又便宜。　　　　　　　　　Ⓓ 我不喜欢网购。

Ⓔ 是啊，打三折的时候买的。　　　Ⓕ 在这儿买不到。

⑴ 这是你网购的茶吗?　　　　(　　)　　⑵ 你觉得这家商店的东西怎么样?　(　　)

⑶ 你为什么又在外面吃饭啊?　(　　)　　⑷ 我给你泡杯咖啡吧?　　　　　　　(　　)

5. 다음 글을 읽고 질문에 답하세요.

　　现在，越来越多的年轻人喜欢在家中网购。如果你懒得上街，只要在家动动手指头，就可以轻松地买到自己需要的商品。很多在商店里买不到的东西，在网上一搜，也能很快地找到。我平时工作很忙，没时间逛街。所以一些生活用品、衣服什么的，我都会在网上购买。不过，要想买到物美价廉的好东西，还得学会"货比三家"才行。

⑴ 问：现在哪些人喜欢在家中网购?

_____

⑵ 问：根据短文内容，说一说网购有什么优点?

_____

⑶ 问："我"常常在网上购买什么?

_____

⑷ 问：怎么样才能在网上买到物美价廉的好东西?

_____

听 듣기

1. 녹음을 듣고 알맞은 중국어 단어를 쓰세요.　🎧 MP3 **w04-01**

(1) _____　　(2) _____

(3) _____　　(4) _____

2. 녹음을 듣고 빈칸에 알맞은 내용을 쓰세요.　🎧 MP3 **w04-02**

现在，越来越多的年轻人喜欢在家中 (1)_____。我们不用上街，只要动动手指头，就可以轻松地买到自己需要的 (2)_____。很多在商店里买不到的 (3)_____，在网上一搜，也能很快地找到。不过，要想买到物美价廉的好东西，还得 (4)_____ "货比三家" 才行。

3. 녹음의 질문을 듣고 대답으로 가장 알맞은 것을 고르세요.　🎧 MP3 **w04-03**

(1) Ⓐ 我不想买　　　　　　Ⓑ 我吃了很多巧克力
　　Ⓒ 现在 "买一送一"　　Ⓓ 他不喜欢吃巧克力

(2) Ⓐ 我家附近没有超市　　Ⓑ 我买了很多咖啡
　　Ⓒ 我现在不去超市　　　Ⓓ 没有，我是在网上买到的

(3) Ⓐ 当然能啊　　　　　　Ⓑ 又好又便宜
　　Ⓒ 喜欢上了网上购物　　Ⓓ 我喜欢上街购物

(4) Ⓐ 我不喜欢网购　　　　Ⓑ 搜过，但是没找到
　　Ⓒ 你可以搜一下　　　　Ⓓ 我常常上网

4. 녹음의 대화를 듣고 다음 문장이 맞으면 ○, 틀리면 X를 표시하세요.

MP3 w04-04

(1) 男的在网上买了一件衣服。　　　(　　)

(2) 女的觉得商店里的东西不便宜。　(　　)

(3) 男的不想出去逛街。　　　　　　(　　)

(4) 男的想买的东西在网上能搜到。　(　　)

5. 녹음의 대화를 듣고 다음 질문에 알맞은 답을 고르세요.

MP3 w04-05

(1) 1) 问：女的为什么说"以后得少买点儿"？

　Ⓐ 她平时上街买东西　　　　　Ⓑ 买太多，最后都浪费了

　Ⓒ 她觉得网上的东西不好　　　Ⓓ 她很喜欢网购

2) 问：女的为什么总是网购？

　_____

(2) 1) 问：男的以前买的咖啡怎么样？

　Ⓐ 已经过期了　　　　　　　　Ⓑ 还差两天过期

　Ⓒ 打三折买的　　　　　　　　Ⓓ 很便宜

2) 问：女的为什么说"真拿你没办法！"

　_____

说 말하기

1. 다음 문장을 중국어로 말해 보세요.

   (1) 요즘 계속 일자리 찾느라 바빠서 결국 시험을 망쳤어.

   (2) 기말고사에 한 번 더 기회가 있어.

   (3) 사실 이번 시험은 나도 잘 못 쳤어, 겨우 85점이야.

   (4) 85점도 별로 안 높은 거야?

2. 다음 대화에 어울리는 내용을 중국어로 말해 보세요.

   (1) A：这次考试考得怎么样啊?

   　　B：_____

   (2) A：你们班这次考试的平均分是多少啊?

   　　B：_____

   (3) A：_____

   　　B：哪里哪里，还差得远呢。

   (4) A：_____

   　　B：最近我忙着找工作呢。

3. 다음 그림의 상황에 알맞게 대화를 만들어 보세요.

   (1)
   A：_____

   B：_____

   A：_____

   B：_____

(2)

A: _____

B: _____

A: _____

B: _____

4. 본문의 내용을 생각하며 다음 질문에 답해 보세요.

(1) 高朋这次考得怎么样?

(2) 韩雪这次考了多少分?

(3) 韩雪班的同学最近学习怎么样?

(4) 崔智敏的学习方法是什么?

5. 다음 제시어를 이용하여 중국어로 이야기를 만들어 말해 보세요.

제시어

期末考试　　面试　　开夜车　　成绩

_____

_____

_____

_____

_____

写 쓰기

1. 다음 단어의 중국어와 한어병음을 쓰세요.

   (1) 기회　　C_____　P_____　　(2) 평균　　C_____　P_____

   (3) 성적　　C_____　P_____　　(4) 필기　　C_____　P_____

   (5) 자유　　C_____　P_____　　(6) 흥미　　C_____　P_____

   (7) 청강하다 C_____　P_____　　(8) 참가하다 C_____　P_____

2. 다음 빈칸에 들어갈 알맞은 단어를 쓰세요.

   (1) 上大学后，我们有了更多的时间和_____^{zìyóu}，去学自己想学的东西。

   (1) 上大学后，我们有了更多的时间和_____zìyóu_____，去学自己想学的东西。

   (2) 大学里有很多_____bìxiū kè_____和选修课，如果有感兴趣的课，还可以去旁听。

   (3) 学校里还有很多兴趣_____xiǎozǔ_____，有时间的话也可以去参加。

   (4) 因为有的同学开始忙着准备找工作，有的同学开始忙着准备_____kǎoyán_____。

3. 다음 제시된 중국어를 재배열하여 문장을 완성하세요.

   (1) 他 / 生日 / 正 / 呢 / 准备 / 礼物 / 忙着　▶ _____

   (2) 演 / 关系 / 砸 / 也 / 了 / 没 / 万一　　▶ _____

   (3) 你们 / 够 / 的 / 不 / 大 / 还 / 声音　　▶ _____

   (4) 的 / 请 / 一个 / 找出 / 地方 / 你 / 不同　▶ _____

4. 주어진 문장을 모방하여 제시된 한국어의 의미에 맞게 중국어로 쓰세요.

(1) 他正忙着准备生日礼物呢。

　▶ 나는 지금 중간고사 준비하느라 바빠.

　C _____

(2) 你们的声音还不够大。

　▶ 네가 말한 이 말은 아직 정확하지 않아.

　C _____

(3) 老师拿出一本书，让我们看看。

　▶ 그 사람은 좋은 방법 하나를 생각해 내서 우리들에게 해 보게 했다.

　C _____

(4) 现在他有了一间特别大的办公室。

　▶ 지금 그 사람은 자신만의 차가 생겨서 이전보다 훨씬 편리해졌다.

　C _____

5. 제시된 단어를 포함하여 그림의 상황에 알맞은 문장을 만들어 보세요.

(1)

제시어 ▶ 砸

_____

(2)

제시어 ▶ 开夜车

_____

(3)

제시어 ▶ 成绩

_____

(4)

제시어 ▶ 兴趣

_____

读 읽기

1. 다음 문장을 소리 내어 읽어 보세요.

   (1) 你先忙着，我等会儿再来找你。

   (2) 我把这件事办砸了。

   (3) 已经打六折了，难道还不够便宜吗？

   (4) 我高兴得笑出声来。

2. 빈칸에 들어갈 알맞은 단어를 보기에서 고르세요.

   보기

   Ⓐ 才　Ⓑ 都　Ⓒ 得　Ⓓ 还

   (1) 大家＿＿＿＿＿＿开夜车学习呢。

   (2) 我看你们啊，都是"临时抱佛脚"，所以＿＿＿＿＿＿没考好。

   (3) 平时＿＿＿＿＿＿多努力才行！

   (4) 哪里哪里，我＿＿＿＿＿＿差得远呢！

3. 제시된 단어의 알맞은 위치를 고르세요.

   (1) 砸　　这件事情Ⓐ被Ⓑ你Ⓒ弄Ⓓ了。

   (2) 够　　已经Ⓐ打六折了，Ⓑ难道Ⓒ还不Ⓓ便宜吗？

   (3) 出　　想了Ⓐ很长时间Ⓑ，也没想Ⓒ一个Ⓓ好办法。

   (4) 有了　她Ⓐ觉得Ⓑ这件事情Ⓒ希望Ⓓ。

4. 아래 질문의 대답으로 알맞은 것을 보기에서 고르세요.

보기

　Ⓐ 考砸了。　　　　　　　　　Ⓑ 选了好几门呢，忙死了。
　Ⓒ 我不太喜欢喝茶。　　　　　Ⓓ 最近我每天都开夜车。
　Ⓔ 拿去看吧。　　　　　　　　Ⓕ 你不要"临时抱佛脚"。

(1) 你对茶文化感兴趣吗？　　　　(　)　　(2) 这个学期你选了几门课？　(　)

(3) 给我看看你做的笔记，好吗？　(　)　　(4) 这次考试考得怎么样？　　(　)

5. 다음 글을 읽고 질문에 답하세요.

　　　　上大学后，我们有了更多的时间和自由，去学自己想学的东西。大学里有很多必修课和选修课，如果有感兴趣的课，还可以去旁听。我们学校里还有很多兴趣小组，三年级的时候，我参加过一个汉语兴趣小组，还交到了几个中国朋友。不过现在我四年级了，开始忙着准备找工作，最近连跟朋友见面的时间都没有。上次为了*准备一个面试，都没来得及准备期中考试。

　　　　　　　　　　　　　　　　　🔑 为了 wèile 图 ～를 위하여

(1) 问：上大学以后，"我们"的生活有什么变化？

　　　＿＿＿＿＿＿＿＿＿＿＿＿＿＿＿＿＿＿＿＿＿＿＿＿＿

(2) 问：三年级的时候，"我"参加过一个什么兴趣小组？

　　　＿＿＿＿＿＿＿＿＿＿＿＿＿＿＿＿＿＿＿＿＿＿＿＿＿

(3) 问："我"现在忙着做什么？

　　　＿＿＿＿＿＿＿＿＿＿＿＿＿＿＿＿＿＿＿＿＿＿＿＿＿

(4) 问：上次"我"因为什么没来得及准备期中考试？

　　　＿＿＿＿＿＿＿＿＿＿＿＿＿＿＿＿＿＿＿＿＿＿＿＿＿

听 듣기

1. 녹음을 듣고 알맞은 중국어 단어를 쓰세요.　　🎧 MP3 **w06-01**

(1) _____ 　　(2) _____

(3) _____ 　　(4) _____

2. 녹음을 듣고 빈칸에 알맞은 내용을 쓰세요.　　🎧 MP3 **w06-02**

　　上大学后，我们有了更多的时间和自由，去学自己想学的东西。大学里有很多

(1)_____和选修课，如果有感兴趣的课，还可以去 (2)_____。学校里还有很

多 (3)_____，有时间的话也可以去参加。到了三、四年级的时候，可能会更忙。因

为有的同学开始忙着准备找工作，有的同学开始忙着准备 (4)_____。那时候，你会

在忙什么呢？

3. 녹음의 질문을 듣고 대답으로 가장 알맞은 것을 고르세요.　　🎧 MP3 **w06-03**

(1) Ⓐ 可辣了 　　　　　　　　Ⓑ 够了，不用再点了
　　 Ⓒ 我不吃 　　　　　　　　Ⓓ 很好吃

(2) Ⓐ 挺感兴趣的，想去听听 　　Ⓑ 我选了三门课
　　 Ⓒ 我有三门必修课 　　　　　Ⓓ 我没选那门课

(3) Ⓐ 他考砸了 　　　　　　　　Ⓑ 他平时学习可努力了
　　 Ⓒ 他对汉语不太感兴趣 　　　Ⓓ 他考了第一名

(4) Ⓐ 我想学英语 　　　　　　　Ⓑ 我坐车去
　　 Ⓒ 我考得不太好 　　　　　　Ⓓ 没有，很早就睡了

4. 녹음의 대화를 듣고 다음 문장이 맞으면 ○, 틀리면 X를 표시하세요.　🎧 MP3 **w06-04**

(1) 女的最近在准备期末考试。　　　　(　)

(2) 女的觉得自己的笔记做得很好。　　(　)

(3) 男的准备从三年级开始准备找工作。(　)

(4) 男的不同意女的的看法。　　　　　(　)

5. 녹음의 대화를 듣고 다음 질문에 알맞은 답을 고르세요.　🎧 MP3 **w06-05**

(1) 1) 问：他们本来*打算今天下午做什么？

　　Ⓐ 复习　　　　　　　　　　Ⓑ 学习

　　Ⓒ 准备考试　　　　　　　　Ⓓ 看电影

2) 问：这次期中考试，男的已经准备好了吗？

　　_____

🔑本来 běnlái 휘 본래, 원래

(2) 1) 问：女的参加了一个什么兴趣小组？

　　Ⓐ 发表*讨论*　　　　　　　Ⓑ 学习汉语

　　Ⓒ 读书讨论　　　　　　　　Ⓓ 学习英语

2) 问：男的为什么觉得到了四年级就没时间参加兴趣小组了？

　　_____

🔑发表 fābiǎo 명동 발표(하다) ㅣ 讨论 tǎolùn 동 토론하다

08 球赛

1. 다음 문장을 중국어로 말해 보세요.

(1) 나한테 축구 경기 입장권이 두 장 있어.

(2) 와, 한중 청소년 축구 경기구나!

(3) 내일 나 마침 시간 되는데, 너랑 함께 가 줄게.

(4) 우리 함께 두 팀 응원하러 가자.

2. 다음 대화에 어울리는 내용을 중국어로 말해 보세요.

(1) A：明天一起去看足球赛吗?

B：_____

(2) A：你买到票了吗?

B：_____

(3) A：_____

B：我觉得去现场看更好。

(4) A：_____

B：因为我想去现场给韩国队加加油。

3. 다음 그림의 상황에 알맞게 대화를 만들어 보세요.

(1)

A：_____

B：_____

A：_____

B：_____

(2)

A: _____

B: _____

A: _____

B: _____

4. 본문의 내용을 생각하며 다음 질문에 답해 보세요.

(1) 朴明浩有两张什么门票?

(2) 高朋明天能跟朴明浩一起去吗?

(3) 朴明浩有票，可是为什么还在担心?

(4) 看足球赛时，高朋觉得在家看好还是去赛场*好?

🔑 赛场 sàichǎng 몡 경기장

5. 다음 제시어를 이용하여 중국어로 이야기를 만들어 말해 보세요.

제시어

运动(踢足球、打篮球、跑步等等)　锻炼　只要　比赛

_____

_____

_____

_____

_____

08 | 球赛

1. 다음 단어의 중국어와 한어병음을 쓰세요.

(1) 축구   Ⓒ_____ Ⓟ_____   (2) 입장권   Ⓒ_____ Ⓟ_____

(3) 청소년   Ⓒ_____ Ⓟ_____   (4) (구기 종목) 팬 Ⓒ_____ Ⓟ_____

(5) 할인   Ⓒ_____ Ⓟ_____   (6) 위치   Ⓒ_____ Ⓟ_____

(7) 텔레비전 Ⓒ_____ Ⓟ_____   (8) 생중계   Ⓒ_____ Ⓟ_____

2. 다음 빈칸에 들어갈 알맞은 단어를 쓰세요.

(1) 美国的NBA球赛，我几乎都不会＿＿＿＿＿＿＿＿。

cuòguò

(1) 美国的NBA球赛，我几乎都不会＿＿＿＿＿＿＿＿。

gǎn

(2) 我弟弟对跑步更＿＿＿＿＿＿＿＿兴趣。

pǎobù

(3) 想一个人好好儿静一静的时候，＿＿＿＿＿＿＿＿也是个不错的选择。

báicài

(4) "萝卜＿＿＿＿＿＿＿，各有所爱。"这句话说得一点儿都没错。

3. 다음 제시된 중국어를 재배열하여 문장을 완성하세요.

(1) 会 / 日子 / 可 / 你们 / 真 / 过 / 啊   ▶＿＿＿＿＿＿＿＿＿＿＿＿＿

(2) 不 / 对 / 他们 / 感 / 这件 / 兴趣 / 事   ▶＿＿＿＿＿＿＿＿＿＿＿＿＿

(3) 不 / 一点儿 / 这件 / 都 / 脏 / 衣服   ▶＿＿＿＿＿＿＿＿＿＿＿＿＿

(4) 给 / 咱们 / 去 / 两个队 / 一起 / 加加油   ▶＿＿＿＿＿＿＿＿＿＿＿＿＿

4. 주어진 문장을 모방하여 제시된 한국어의 의미에 맞게 중국어로 쓰세요.

(1) 他可真会开玩笑啊。
▶ 너 정말 물건 살 줄 안다.

Ⓒ _____

(2) 我不但喜欢看书，还喜欢旅行。
▶ 그 사람 영어를 할 수 있을 뿐만 아니라, 게다가 중국어도 할 수 있어.

Ⓒ _____

(3) 我对中国文化非常感兴趣。
▶ 그 사람 한국 음악에 대해 흥미가 있어.

Ⓒ _____

(4) 这手机一点儿也不便宜。
▶ 네가 말하는 이 말 조금도 틀리지 않아.

Ⓒ _____

5. 제시된 단어를 포함하여 그림의 상황에 알맞은 문장을 만들어 보세요.

(1)

제시어 ▶ 门票

_____

(2)

제시어 ▶ 迷

_____

(3)

제시어 ▶ 错过

_____

(4)

제시어 ▶ 请客

_____

1. 다음 문장을 소리 내어 읽어 보세요.

   (1) 那可不，我觉得学汉语挺有意思的。

   (2) 面子那么重要吗？再说了，请客就有面子了？

   (3) 你真会找地方啊！

   (4) 不但要好好儿复习，还要好好儿预习。

2. 빈칸에 들어갈 알맞은 단어를 보기에서 고르세요.

   보기

   Ⓐ 不　　Ⓑ 对　　Ⓒ 会　　Ⓓ 得

   (1) 我也想尝尝中国菜，再说了，你请客，我_____去啊。

   (2) 你真_____想办法啊！

   (3) 我_____中国文化非常感兴趣。

   (4) 已经十二点了，可是她一点儿都_____觉得累。

3. 제시된 단어의 알맞은 위치를 고르세요.

   (1) 还　　我 Ⓐ 不但 Ⓑ 去过中国，Ⓒ 去过 Ⓓ 美国。

   (2) 可　　他 Ⓐ 真 Ⓑ 会 Ⓒ 开 Ⓓ 玩笑啊。

   (3) 穿　　这件衣服 Ⓐ 太贵了，Ⓑ 再说了，这么好的衣服也没 Ⓒ 机会 Ⓓ 啊。

   (4) 都　　Ⓐ 一点儿 Ⓑ 不奇怪，他 Ⓒ 就 Ⓓ 是个这样的人。

4. 아래 질문의 대답으로 알맞은 것을 보기에서 고르세요.

보기

Ⓐ 当然是给韩国队加油啊。   Ⓑ 不好意思，明天我有点儿忙。

Ⓒ 我买的是折扣票。   Ⓓ 买的是这周五的。

Ⓔ 我想去感受一下现场气氛。   Ⓕ 我每天都去公园跑步。

⑴ 明天你有时间陪我一起去吗？（　　）   ⑵ 你买的是哪一天的票啊？（　　）

⑶ 你想给哪个队加油啊？（　　）   ⑷ 你经常锻炼身体吗？（　　）

5. 다음 글을 읽고 질문에 답하세요.

　　我是个足球迷，我不但喜欢踢足球，还喜欢看足球。好看的球赛，我几乎都不会错过。能去现场看的，我就会早早儿*地把票买好，去现场好好儿感受一下紧张激动*的气氛。不能去现场看的，我就会在家里看电视直播。虽然我很喜欢看足球，但我踢足球踢得不怎么样*。我觉得踢足球不但能锻炼身体，还能交到很多兴趣爱好相同的好朋友。有时间的话，我还会和我的这些好朋友一起去看足球比赛。

早早儿 zǎozāor 🄫 일찌감치, 일찍부터 |
激动 jīdòng 🄫 격렬하다 | 不怎么样 bù zěnmeyàng 별로 좋지 않다

⑴ 问：为什么说"我"是个足球迷？

_____

⑵ 问：有的球赛不能去现场看的话，"我"会怎么看？

_____

⑶ 问："我"觉得踢足球有什么好处？

_____

⑷ 问：有时间的话，"我"会做什么？

_____

08 | 球赛

1. 녹음을 듣고 알맞은 중국어 단어를 쓰세요.　　　🎧 MP3 w08-01

(1) _____　　(2) _____

(3) _____　　(4) _____

2. 녹음을 듣고 빈칸에 알맞은 내용을 쓰세요.　　　🎧 MP3 w08-02

　　我是个篮球迷，我不但喜欢打篮球，还喜欢看篮球。美国的NBA (1)_____，

我几乎都不会 (2)_____。我弟弟呢，他对跑步更感兴趣。他说跑步可

以 (3)_____身体，而且想一个人好好儿静一静的时候，跑步也是个不错的

(4)_____。所以啊，"萝卜白菜，各有所爱。"这句话说得一点儿都没错。

3. 녹음의 질문을 듣고 대답으로 가장 알맞은 것을 고르세요.　　　🎧 MP3 w08-03

(1) Ⓐ 现在打三折　　　　　Ⓑ 折扣票都卖完了
　　Ⓒ 我还没吃呢　　　　　Ⓓ 我去买票

(2) Ⓐ 我看直播　　　　　　Ⓑ 我在家
　　Ⓒ 他去现场了　　　　　Ⓓ 正好我也懒得出去

(3) Ⓐ 我每个周末都去打篮球　Ⓑ 我在锻炼身体
　　Ⓒ 我不喜欢踢足球　　　　Ⓓ 我很喜欢锻炼身体

(4) Ⓐ 昨天我没踢足球　　　　Ⓑ 我喜欢看足球赛
　　Ⓒ 不小心错过了　　　　　Ⓓ 我不喜欢踢足球

4. 녹음의 대화를 듣고 다음 문장이 맞으면 ○, 틀리면 X를 표시하세요.

(1) 女的想去外面吃饭。　　　　　(　　)

(2) 女的觉得昨天的球赛不怎么样。　(　　)

(3) 男的打算今天请女的喝咖啡。　　(　　)

(4) 男的和女的的爱好不一样。　　　(　　)

5. 녹음의 대화를 듣고 다음 질문에 알맞은 답을 고르세요. 🎧 MP3 w08-05

(1) 1) 问：关于男的买的门票，哪一项不正确？

Ⓐ 是篮球赛的门票　　　　　　Ⓑ 是折扣票

Ⓒ 位置不太好　　　　　　　　Ⓓ 买了两张

2) 问：女的想不想去现场看足球比赛？为什么？

_____

(2) 1) 问：男的最喜欢的运动是什么？

Ⓐ 棒球*　　　　　　　　　　Ⓑ 篮球

Ⓒ 网球*　　　　　　　　　　Ⓓ 足球

2) 问：女的喜欢看什么比赛？

_____

🔑 棒球 bàngqiú 몡 야구｜网球 wǎngqiú 몡 테니스

10 | 就业

说 말하기

说 말하기

1. 다음 문장을 중국어로 말해 보세요.

   (1) 너 요즘 아직 일자리 구하느라 바쁜 거야?

   (2) 어제도 면접 하나 보러 갔어.

   (3) 능력, 학력, 자격증, 어느 하나도 부족해서는 안 돼.

   (4) 듣기로 요즘 공무원과 교사도 굉장히 인기 있다고 들었어.

2. 다음 대화에 어울리는 내용을 중국어로 말해 보세요.

   (1) A：你最近忙什么呢?

   B：_____

   (2) A：现在年轻人的工作好找吗?

   B：_____

   (3) A：_____

   B：听说教师这个职业挺热门的。

   (4) A：_____

   B：我想找个跟中国有关的工作。

3. 다음 그림의 상황에 알맞게 대화를 만들어 보세요.

   (1)    A：_____

   B：_____

   A：_____

   B：_____

(2)

A: _____

B: _____

A: _____

B: _____

4. 본문의 내용을 생각하며 다음 질문에 답해 보세요.

(1) 韩雪昨天做什么了？

(2) 在韩国，年轻人找工作情况怎么样？

(3) 最近找工作需要什么？

(4) 韩雪想找个什么样的工作？

5. 다음 제시어를 이용하여 중국어로 이야기를 만들어 말해 보세요.

제시어

면试   学历   资格证   经历*

⌕ 经历 jīnglì 몡 경험, 경력

_____

_____

_____

_____

_____

写 쓰기

1. 다음 단어의 중국어와 한어병음을 쓰세요.

(1) 면접시험 ⓒ＿＿＿＿＿ ⓟ＿＿＿＿＿　　(2) 능력 ⓒ＿＿＿＿＿ ⓟ＿＿＿＿＿

(3) 학력 ⓒ＿＿＿＿＿ ⓟ＿＿＿＿＿　　(4) 자격증 ⓒ＿＿＿＿＿ ⓟ＿＿＿＿＿

(5) 공무원 ⓒ＿＿＿＿＿ ⓟ＿＿＿＿＿　　(6) 교사 ⓒ＿＿＿＿＿ ⓟ＿＿＿＿＿

(7) 철밥통 ⓒ＿＿＿＿＿ ⓟ＿＿＿＿＿　　(8) 업종 ⓒ＿＿＿＿＿ ⓟ＿＿＿＿＿

2. 다음 빈칸에 들어갈 알맞은 단어를 쓰세요.

(1) ＿＿＿＿＿＿＿＿＿在进步，科学在发展，几十年以后，一些我们很熟悉的职业可能就会
　　 （shèhuì）
　　慢慢儿消失了。

(2) 就像我们现在已经看不到＿＿＿＿＿＿＿、电话接线员等这些职业一样。
　　 （dǎzìyuán）

(3) 有人说，像＿＿＿＿＿＿＿、银行员这样的职业，以后也会逐渐消失。
　　 （sījī）

(4) 一些需要创意或需要分析的职业，则会受到越来越多的＿＿＿＿＿＿＿。
　　 （guānzhù）

3. 다음 제시된 중국어를 재배열하여 문장을 완성하세요.

(1) 一个 / 少了 / 我们 / 桌子 / 这里　　▶＿＿＿＿＿＿＿＿＿＿＿＿＿＿＿＿＿

(2) 很 / 最近 / 话题 / 这个 / 热门　　▶＿＿＿＿＿＿＿＿＿＿＿＿＿＿＿＿＿

(3) 有关 / 他 / 的 / 在 / 跟 / 工作 / 做 / 贸易　　▶＿＿＿＿＿＿＿＿＿＿＿＿＿＿＿＿＿

(4) 去 / 你 / 太 / 不 / 看起来 / 美国 / 想　　▶＿＿＿＿＿＿＿＿＿＿＿＿＿＿＿＿＿

4. 주어진 문장을 모방하여 제시된 한국어의 의미에 맞게 중국어로 쓰세요.

(1) 这是一份跟贸易有关的工作。

　　▸ 나는 중국어와 관련된 일을 찾고 싶어.

　　ⓒ _____

(2) 说起来你可能会觉得很好笑。

　　▸ 말하기 정말 부끄럽지만 나 또 잊어버렸어.

　　ⓒ _____

(3) 你的女儿就像你一样聪明。

　　▸ 이 아이는 그의 아빠처럼 책 보는 것을 좋아해.

　　ⓒ _____

(4) 这本书现在已经买不到了。

　　▸ 이 휴대전화는 지금 이미 볼 수가 없게 되었어.

　　ⓒ _____

5. 제시된 단어를 포함하여 그림의 상황에 알맞은 문장을 만들어 보세요.

(1)

제시어 ▸ **面试**

_____

(2)

제시어 ▸ **铁饭碗**

_____

(3)

제시어 ▸ **热门**

_____

(4)

제시어 ▸ **发展**

_____

读 읽기

1. 다음 문장을 소리 내어 읽어 보세요.

(1) 少了两个杯子，再给我们两个杯子吧。

(2) 他要是问起来，你就说不知道。

(3) 像昨天一样，今天也下了一天的雨。

(4) 这种咖啡，在超市买不到。

2. 빈칸에 들어갈 알맞은 단어를 보기에서 고르세요.

보기
Ⓐ 热门　　Ⓑ 像　　Ⓒ 跟　　Ⓓ 大声

(1) 你＿＿＿＿＿＿点儿，我听不到。

(2) 她笑起来＿＿＿＿＿＿红苹果一样。

(3) 我们讨论一下＿＿＿＿＿＿文化有关的问题。

(4) 这个地方变成了一个＿＿＿＿＿＿的景点。

3. 제시된 단어의 알맞은 위치를 고르세요.

(1) 一共　　少了Ⓐ 一把椅子Ⓑ，Ⓒ 来了Ⓓ 三位客人呢。

(2) 只　　Ⓐ这件事Ⓑ跟Ⓒ我Ⓓ有关。

(3) 就　　你的Ⓐ女儿Ⓑ像Ⓒ你一样Ⓓ聪明。

(4) 已经　　Ⓐ这种手机Ⓑ现在Ⓒ看不到了Ⓓ。

4. 아래 질문의 대답으로 알맞은 것을 보기에서 고르세요.

보기

Ⓐ 还没出来呢。　　　　　Ⓑ 这两个专业都挺热门的。
Ⓒ 我想找个跟汉语有关的工作。　Ⓓ 大概有三四个吧。
Ⓔ 你一定能找到一份好工作。　Ⓕ 不想，我就想在韩国找一份工作。

⑴ 你打算找个什么样的工作啊? (　　)　　⑵ 你想去外国工作吗? (　　)

⑶ 面试结果出来了吗? (　　)　　⑷ 你考了几个资格证啊? (　　)

5. 다음 글을 읽고 질문에 답하세요.

社会一直在变化，几十年以后，一些我们很熟悉的职业可能就会慢慢儿消失了。像司机、银行员这样的职业，以后也将*逐渐被机器人*代替*。但是，一些需要创意或需要分析的职业，因为很难被机器人代替，所以会受到越来越多的关注。在当今*的社会，最热门的职业仍然*是一些比较稳定*或收入*比较高的职业。现在的年轻人，找工作时，不但要积累*一些实际工作经验，还需要准备一些资格证。不管*社会怎么变化，好机会总会眷顾*那些做好充分准备的人。

🔊将 jiāng 🖼 ~하게 될 것이다 | 机器人 jīqìrén 🖼 로봇 | 代替 dàitì 🖼 대체하다, 대신하다 |
当今 dāngjīn 🖼 현재, 지금 | 仍然 réngrán 🖼 여전히 | 稳定 wěndìng 🖼 안정적이다 🖼 안정 |
收入 shōurù 🖼 수입 | 积累 jīlěi 🖼 쌓다, 누적하다 | 不管 bùguǎn 🖼 ~에 관계없이 | 眷顾 juàngù 🖼 돌보다, 봐주다

⑴ 问：以后的社会，什么样的职业可能会慢慢儿消失?

_____

⑵ 问：以后的社会，什么样的职业可能会受到越来越多的关注?

_____

⑶ 问：当今的社会，最热门的职业是什么样的职业?

_____

⑷ 问：年轻人找工作时要做什么准备?

_____

听 듣기

1. 녹음을 듣고 알맞은 중국어 단어를 쓰세요. 🎧 MP3 w10-01

(1) _____   (2) _____

(3) _____   (4) _____

2. 녹음을 듣고 빈칸에 알맞은 내용을 쓰세요. 🎧 MP3 w10-02

(1)_____你可能会不相信，社会在进步，科学在发展，几十年以后，一些我们很熟悉的 (2)_____可能就会慢慢儿消失了。就像我们现在已经看不到打字员、电话接线员等这些职业一样。有人说，像司机、银行员这样的职业，以后也会逐渐消失。但是，一些需要 (3)_____或需要分析的职业，则会受到越来越多的(4)_____。

3. 녹음의 질문을 듣고 대답으로 가장 알맞은 것을 고르세요. 🎧 MP3 w10-03

(1) Ⓐ 我在说话   Ⓑ 你大声点儿，我听不到
     Ⓒ 我的声音很小   Ⓓ 多好听的声音啊

(2) Ⓐ 可能跟他有关   Ⓑ 我不认识他
     Ⓒ 我听说过   Ⓓ 他以前来过

(3) Ⓐ 欢迎你   Ⓑ 我是学历史的
     Ⓒ 我的专业是贸易   Ⓓ 我也不太清楚

(4) Ⓐ 一共有六个杯子   Ⓑ 是的，只给了五个
     Ⓒ 有一个杯子   Ⓓ 这儿没有杯子

4. 녹음의 대화를 듣고 다음 문장이 맞으면 ○, 틀리면 X를 표시하세요. 　MP3 **w10-04**

(1) 女的打算考公务员。 　　　　　(　)

(2) 女的想去中国找工作。 　　　　(　)

(3) 男的想自己当*老板*。 　　　　(　)　　♪当 dāng 圄 담당하다, 맡다 | 老板 lǎobǎn 圓 주인, 사장

(4) 他们觉得社会发生了很大的变化。 　(　)

5. 녹음의 대화를 듣고 다음 질문에 알맞은 답을 고르세요. 　MP3 **w10-05**

(1) 1) 问: 女的觉得这次进这家公司有没有希望?

　Ⓐ 她觉得很容易 　　　　　　Ⓑ 她觉得没有希望

　Ⓒ 她觉得很有希望。 　　　　　Ⓓ 她觉得很难说

2) 问: 为了进这家公司，女的做了些什么准备?

　　_____

(2) 1) 问: 男的在准备什么考试?

　Ⓐ 外语*资格证考试 　　　　　　Ⓑ 教师资格证考试

　Ⓒ 公务员考试 　　　　　　　　Ⓓ 汉语考试 　　♪外语 wàiyǔ 圓 외국어

2) 问: 男的觉得很多人想当老师的理由是什么?

　　_____

MEMO

MEMO

MEMO

워크북 짝수

이름

외국어 출판 40년의 신뢰
외국어 전문 출판 그룹
동양북스가 만드는 책은 다릅니다.

40년의 쉼 없는 노력과 도전으로 책 만들기에 최선을 다해온 동양북스는
오늘도 미래의 가치에 투자하고 있습니다.
대한민국의 내일을 생각하는 도전 정신과 믿음으로 최선을 다하겠습니다.

📖 동양북스

📖 동양북스 추천 교재

일본어 교재의 최강자, 동양북스 추천 교재

회화 코스북

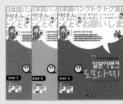

일본어뱅크 다이스키
STEP 1·2·3·4·5·6·7·8

일본어뱅크
좋아요 일본어 1·2·3

일본어뱅크 도모다찌
STEP 1·2·3

분야서

일본어뱅크
NEW 스타일 일본어 문법

일본어뱅크
일본어 작문 초급

일본어뱅크
사진과 함께하는
일본 문화

일본어뱅크
항공 서비스 일본어

가장 쉬운 독학
일본어 현지회화

수험서

일취월장 JPT
독해·청해

일취월장 JPT
실전 모의고사 500·700

일단 합격하고 오겠습니다
JLPT 일본어능력시험
N1·N2·N3·N4·N5

일단 합격하고 오겠습니다
JLPT 일본어능력시험
실전모의고사 N1·N2·N3·N4/5

단어·한자

특허받은
일본어 한자 암기박사

일본어 상용한자 2136
이거 하나면 끝!

일본어뱅크
New 스타일 일본어 한자 1·2

가장 쉬운 독학
일본어 단어장

일단 합격하고 오겠습니다
JLPT 일본어능력시험
단어장 N1·N2·N3

중국어 교재의 최강자, 동양북스 추천 교재

중국어뱅크 북경대학 신한어구어
1 · 2 · 3 · 4 · 5 · 6

중국어뱅크 스마트중국어
STEP 1 · 2 · 3 · 4

중국어뱅크 집중중국어
STEP 1 · 2 · 3 · 4

중국어뱅크
문화중국어 1 · 2

중국어뱅크
관광 중국어 1 · 2

중국어뱅크
여행실무 중국어

중국어뱅크
호텔 중국어

중국어뱅크
판매 중국어

중국어뱅크
항공 서비스 중국어

중국어뱅크
시청각 중국어

정반합 新HSK
1급 · 2급 · 3급 · 4급 · 5급 · 6급

버전업! 新HSK 한 권이면 끝
3급 · 4급 · 5급 · 6급

버전업! 新HSK
VOCA 5급 · 6급

가장 쉬운 독학 중국어 단어장

중국어뱅크
중국어 간체자 1000

특허받은
중국어 한자 암기박사

📖 동양북스 추천 교재

기타외국어 교재의 최강자, 동양북스 추천 교재

중고급 학습

첫걸음 끝내고 보는
프랑스어
중고급의 모든 것

첫걸음 끝내고 보는
스페인어
중고급의 모든 것

첫걸음 끝내고 보는
독일어
중고급의 모든 것

첫걸음 끝내고 보는
태국어
중고급의 모든 것

단어장

버전업! 가장 쉬운
프랑스어 단어장

버전업! 가장 쉬운
스페인어 단어장

버전업! 가장 쉬운
독일어 단어장

여행회화

NEW 후다닥
여행 중국어

NEW 후다닥
여행 일본어

NEW 후다닥
여행 영어

NEW 후다닥
여행 독일어

NEW 후다닥
여행 프랑스어

NEW 후다닥
여행 스페인어

NEW 후다닥
여행 베트남어

NEW 후다닥
여행 태국어

수험서·교재

한 권으로 끝내는 DELE
어휘·쓰기·관용구편 (B2~C1)

수능 기초 베트남어
한 권이면 끝!

버전업!
스마트 프랑스어

일단 합격하고 오겠습니다
독일어능력시험
A1·A2·B1·B2(근간 예정)